全国技工院校汽车维修专业模块化教材
（中级技能层级）

汽车结构

（第二版）

曾国文◎主编

中国劳动社会保障出版社

简介

本书主要内容包括汽车总体构造、发动机、电驱系统、传动系、行驶系、转向系、制动系、电气系统等。

本书由曾国文任主编，蔡戴忆、黄伟业参与编写。

图书在版编目（CIP）数据

汽车结构 / 曾国文主编 . --2 版 . --北京：中国劳动社会保障出版社，2023
全国技工院校汽车维修专业模块化教材 . 中级技能层级
ISBN 978-7-5167-6028-4

Ⅰ. ①汽…　Ⅱ. ①曾…　Ⅲ. ①汽车 - 结构 - 中等专业学校 - 教材　Ⅳ. ①U463

中国国家版本馆 CIP 数据核字（2023）第 175150 号

中国劳动社会保障出版社出版发行

（北京市惠新东街 1 号　邮政编码：100029）

*

北京宏伟双华印刷有限公司印刷装订　　新华书店经销

787 毫米 ×1092 毫米　16 开本　8.25 印张　156 千字

2023 年 9 月第 2 版　　2025 年 3 月第 2 次印刷

定价：21.00 元

营销中心电话：400-606-6496

出版社网址：http://www.class.com.cn

http://jg.class.com.cn

前　言

为了适应汽车行业的发展现状，更好地满足全国职业院校汽车维修专业的教学需求，全面提升教学质量，我们组织全国有关学校的一线教师和行业、企业专家，在充分调研企业用人需求和学校教学情况、吸收借鉴各地技工院校教学改革的成功经验的基础上，根据人力资源社会保障部颁布的《全国技工院校专业目录》及相关教学文件，对全国技工院校汽车维修专业教材进行了修订和新编。

本次修订（新编）工作的重点主要有以下几个方面。

科学规划教学模块

本套教材采用“模块化”体系构建，划分为基础模块、发动机模块、底盘模块、电气模块、维护与诊断模块、选修模块六大模块，教学操作性好，可满足技工院校汽车维修专业的教学需求。

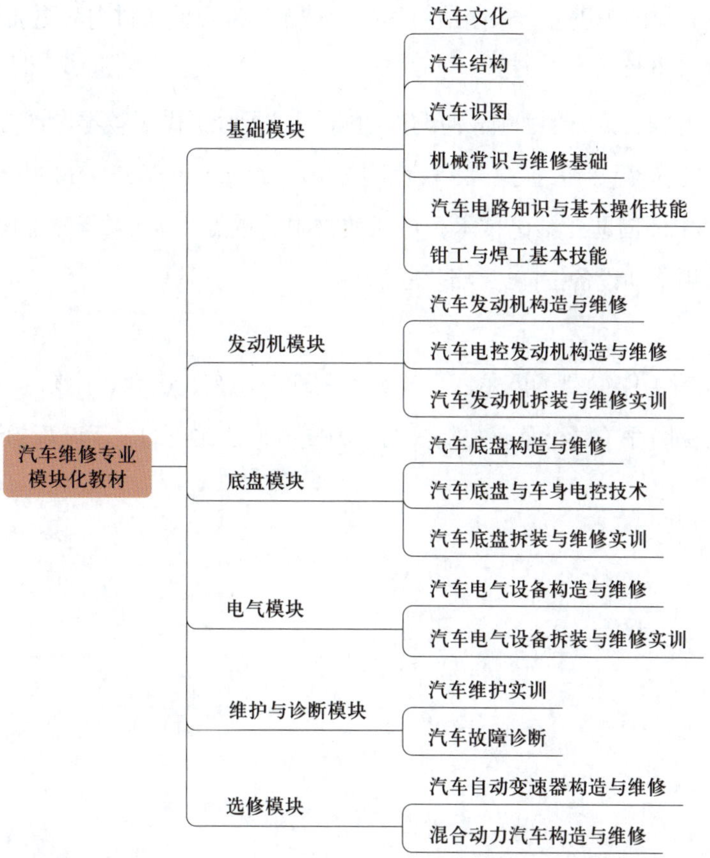

突出职业教育特色

坚持以能力为本位，突出职业教育特色。通过行业、企业调研，掌握企业对汽车维修专业人才的岗位需求和技能要求，确定人才培养目标，构建科学合理的课程体系。根据课程教学目标，合理确定学生应具备的知识与能力结构；充分考虑企业生产实际，选择当前市面上广泛使用的汽车车型进行教学。

根据汽车维修专业毕业生就业岗位的实际需要和行业发展趋势，合理确定学生应具备的能力和知识结构，对教材内容及其深度、广度、难度进行了调整。同时，进一步突出实际应用能力的培养，以满足社会对技能型人才的需求。

创新教材内容形式

在编写模式上，根据技工院校学生认知规律，以完成具体工作任务为主线组织教材内容，将理论知识的讲解与工作任务载体有机结合，激发学生的学习兴趣，提高学生的实践能力。

在教材内容的表现形式上，较多地利用实物照片和表格等形式将知识点生动地展示出来，力求让学生更直观地理解和掌握所学内容，符合学生的阅读习惯。部分教材采用四色印刷，图文并茂，增强了教材内容的表现效果，提高了教材的可读性。

根据相关专业领域的最新发展，在教材中充实新知识、新技术、新设备、新材料等方面的内容，体现教材的先进性。采用最新的国家技术标准，使教材内容更加科学和规范。

提供丰富教学资源

在教学服务方面，为方便教师教学和学生学习，配套提供了教学设计方案、电子课件、习题册答案等教学资源，可通过技工教育网（http://jg.class.com.cn）下载使用。除此之外，在部分教材中还借助二维码技术，针对教材中的重点、难点内容，制作了微视频等多媒体资源，可使用移动设备扫描二维码在线观看。

致谢

本次教材编写工作得到了黑龙江、江苏、陕西、山东、山西、广东、广西等省、自治区人力资源社会保障厅（局）及有关院校的大力支持，在此我们表示诚挚的谢意。

编者

2023 年 4 月

目 录

单元一
汽车总体构造

汽车是指由动力驱动，具有 4 个或 4 个以上车轮的非轨道承载的车辆，主要用于载运人员或货物、牵引载运人员或货物的车辆或特殊用途的车辆，也用于某些专项作业或专门用途。对于与电力线相连的车辆，如无轨电车，以及整车整备质量超过 400 kg 的三轮车辆，也可视作汽车。

课题1　汽车的分类和组成

学习目标

1. 熟悉汽车的分类。
2. 对照实物掌握汽车的组成。

知识链接

一、汽车的分类

国家标准《汽车和挂车类型的术语和定义》（GB/T 3730.1—2022）中规定，根据车辆的设计和技术特性，汽车分为乘用车和商用车辆两类。

1. 乘用车

乘用车是指在设计、制造和技术特性上主要用于载运乘客及其随身行李或临时物品，包括驾驶员座位在内最多不超过 9 个座位的汽车。乘用车可能装备一定的专用设备或器具，也可能牵引挂车。乘用车的类型见表 1-1。

2. 商用车辆

商用车辆是指在设计和特性上用于运送人员或货物的汽车，并且可以牵引挂车。商用车辆按照用途分为客车、半挂牵引车和载货汽车等。

表 1-1　乘用车的类型

序号	类型	图示	结构特点或用途
1	普通乘用车		车身：封闭式，侧窗中柱有或无 车顶：固定式硬顶，有的车顶一部分可开启 座位：4 个或 4 个以上座位，至少两排 车门：2 个或 4 个侧门，可有 1 个后开启门
2	活顶乘用车		车身：具有固定侧围框架的可开启式车身 车顶：车顶为硬顶或软顶，至少有封闭或开启（拆除）两个位置 座位：4 个或 4 个以上座位，至少两排 车门：2 个或 4 个侧门 车窗：4 个或 4 个以上侧窗
3	高级乘用车		车身：封闭式，前后座之间可设隔板 车顶：固定式硬顶，有的车顶一部分可开启 座位：4 个或 4 个以上座位，至少两排，后排座椅前可安装折叠式座椅 车门：4 个或 6 个侧门，也可有 1 个后开启门 车窗：6 个或 6 个以上侧窗
4	双门小轿车		车身：封闭式，通常后部空间较小 车顶：固定式硬顶，有的车顶一部分可开启 座位：2 个或 2 个以上座位，至少一排 车门：2 个侧门，也可有 1 个后开启门 车窗：2 个或 2 个以上侧窗

续表

序号	类型	图示	结构特点或用途
5	敞篷车		车身：可开启式 车顶：车顶为软顶或硬顶，至少有两个位置，第一个位置遮覆车身，第二个位置车顶卷收或可拆除 座位：2 个或 2 个以上座位，至少一排 车门：2 个或 4 个侧门 车窗：2 个或 2 个以上侧窗
6	仓背乘用车		车身：封闭式，侧窗中柱可有可无 车顶：固定式硬顶，有的车顶一部分可以开启 座位：4 个或 4 个以上座位，至少两排，后座椅可折叠或可移动，以形成一个装载空间 车门：2 个或 4 个侧门，车身后部有一仓门
7	旅行车		车身：封闭式，车尾外形按可提供较大的内部空间设计 车顶：固定式硬顶，有的车顶一部分可以开启 座位：4 个或 4 个以上座位，至少两排，座椅的一排或多排可拆除，或装有向前翻倒的座椅靠背，以提供装载平台 车门：2 个或 4 个侧门，并有 1 个后开启门 车窗：4 个或 4 个以上侧窗

续表

序号	类型	图示	结构特点或用途
8	多用途乘用车		具有一厢或两厢式车身，包含驾驶员座位在内的座位数不超过9个（含可折叠座椅），用以载运乘客及其行李或物品的乘用车 如果这种车辆同时具有下列两个条件，则不属于乘用车而属于载货汽车： （1）包含驾驶员座位在内的座位数不超过7个（只要车辆具有可使用的座椅安装点，就视为“座位”存在） （2）载货质量大于或等于载人质量
9	短头乘用车		一半以上的发动机长度位于车辆前风窗玻璃最前点以后（纯电动汽车与燃料电池电动汽车除外），并且转向盘的中心位于车辆总长的前1/4部分内
10	越野乘用车		在其设计上所有车轮同时驱动，或其几何特性、技术特性和性能允许在非道路上行驶的一种乘用车

（1）客车

客车是指在设计、制造和技术特性上用于载运乘客及其随身行李，包括驾驶员座位在内座位数超过 9 个的汽车。客车有单层的和双层的，也可牵引一辆挂车。客车的类型见表 1-2。

表 1-2　客车的类型

序号	类型	图示	特点及用途
1	小型客车		用于载运乘客，除驾驶员座位外，座位数不超过 16 座的客车
2	城市客车		设有座椅及乘客站立区，并有足够的空间供频繁停站时乘客上下车走动，有固定的公交运营线路和车站，主要在城市建成区运营的客车
3	长途客车		专门为运输长途旅客设计和制造，未设置乘客站立区的客车
4	旅游客车		为旅游设计和制造，未设置乘客站立区，专门用于载运游客的客车

续表

序号	类型	图示	特点及用途
5	铰接客车		由两节或三节相通的刚性车厢铰接组成，乘客可通过铰接部分在两节车厢之间自由走动的客车
6	无轨电车		经架线由电力驱动的客车
7	越野客车		在其设计上所有车轮同时驱动或其几何特性、技术特性和性能允许在非道路上行驶的一种车辆
8	专用客车		设计、制造和技术特性上用于载运特定人员并完成特定功能的客车以及装备有专用设备或器具，座位数（包括驾驶员座位）超过9个的专用汽车，也包括在客车基础上改装的但不属于专项作业车的载客类专用汽车

（2）半挂牵引车（图 1-1）

装备有特殊装置，用于牵引半挂车的汽车。

图 1-1　半挂牵引车

（3）载货汽车是指设计、制造和技术特性上主要用于载运货物或牵引挂车的汽车，也包括装备一定的专用设备或器具但以载运货物为主要目的，且不属于专项作业车、专门用途汽车的汽车。载货汽车的类型见表 1-3。

表 1-3　载货汽车的类型

序号	类型	图示	特点及用途
1	普通货车		在敞开或封闭载货空间内载运货物的载货汽车
2	多用途货车		具有长头车身和驾驶室结构、敞开式货箱、乘坐人数不大于 5 人、最大设计总质量不超过 3 500 kg 的汽车

续表

序号	类型	图示	特点及用途
3	全挂牵引车		一种牵引杆式挂车的货车，它本身可在附属的载运平台上运载货物
4	越野货车		在其设计上所有车轮同时驱动（包括一个驱动轴可以脱开的车辆）或其几何特性（接近角、离去角、纵向通过角、最小离地间隙）、技术特性（驱动轴数、差速锁止机构或其他形式的机构）和性能（爬坡度）允许在非道路上行驶的一种车辆
5	专用作业车		主要用于特殊工作的货车。例如：消防车、救险车、应急车、垃圾车、街道清洗车、扫雪车、清洁车等
6	专用货车		设计、制造和技术特性上，用于运输特殊货物或载货部位具有特殊结构的载货汽车

二、汽车的组成

汽车的类型虽然很多，各类汽车的总体构造有所不同，但它们的基本组成是一致的。汽车由动力系统、底盘、电气设备和车身四大部分组成，如图 1-2 所示。

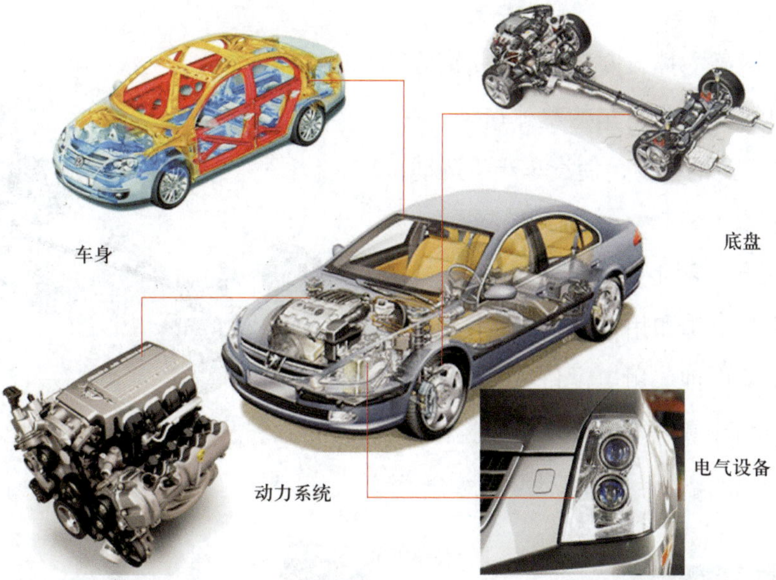

图 1-2 汽车组成示意图

1. 动力系统

（1）发动机（图 1-3）

图 1-3 发动机示意图

发动机是为汽车行驶提供动力的装置，其作用是使燃料燃烧产生动力，然后通过底盘的传动系驱动车轮使汽车行驶。

（2）电驱系统（图 1-4）

电驱系统是为电动汽车或者混合动力汽车行驶提供动力的装置，其作用是使用电能提供动力，然后通过底盘的传动系驱动车轮使汽车行驶。

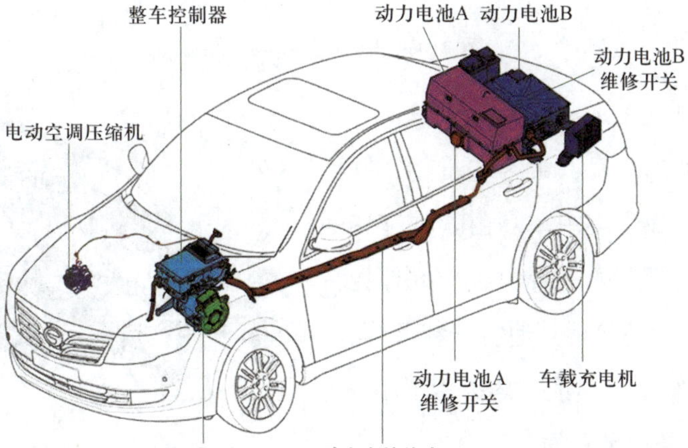

图 1-4 电驱系统组成示意图

2. 底盘（图 1-5）

底盘的作用是支撑、安装汽车发动机及其各部件、总成，形成汽车的整体造型，并接受动力系统产生的动力，使汽车产生运动，保证正常行驶。

图 1-5 底盘示意图

3. 电气设备（图 1-6）

电气设备由电源和用电设备组成。电源包括发电机和蓄电池。用电设备很多，不同车型不太一样。现代汽车上许多电子控制系统、传感器、执行器等一般归属于电气设备。

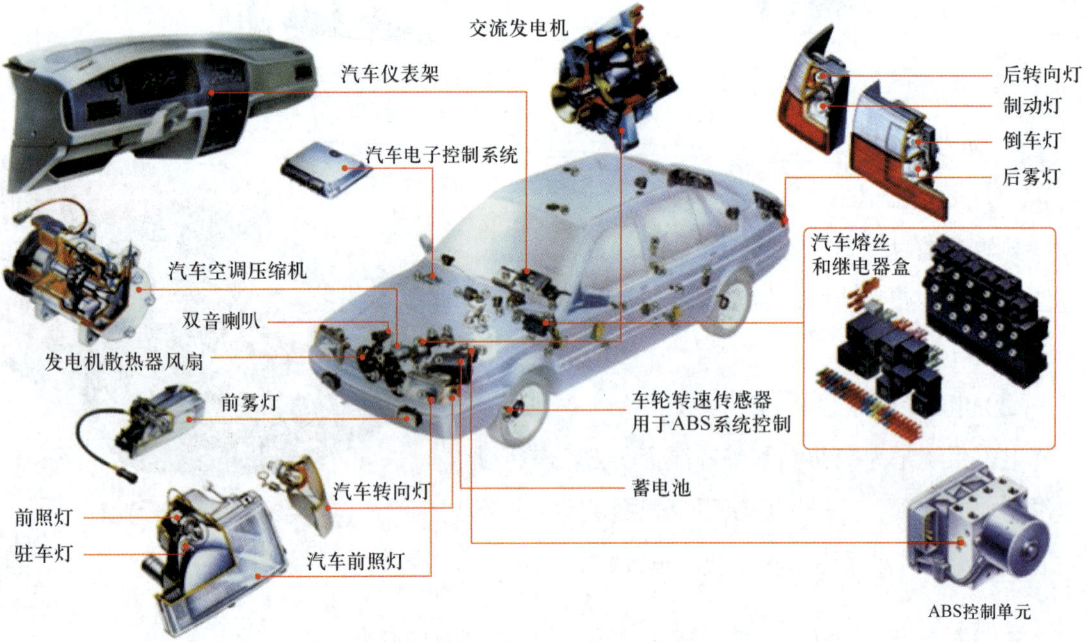

图 1-6 电气设备示意图

4. 车身（图 1-7）

车身用于容纳驾驶员、乘客和货物，并构成汽车的外壳。载货汽车车身由驾驶室和货厢组成，客车与轿车的车身由统一的外壳构成。其他专用车辆还包括其他特殊装备等。车身包括车门、车窗、车锁、内外装饰件、附件、座椅及车前各钣金件等。

图 1-7 车身示意图

课题2 车辆识别代号和技术参数

学习目标

1. 了解车辆识别代号。
2. 了解汽车技术参数。

知识链接

一、车辆识别代号的概念

车辆识别代号是为了识别某一辆车，由车辆制造厂为该车辆指定的一组字码，由字母和阿拉伯数字组成，共17位。

如图1-8所示，车辆识别代号由世界制造厂识别代号（WMI）、车辆说明部分（VDS）和车辆指示部分（VIS）组成。

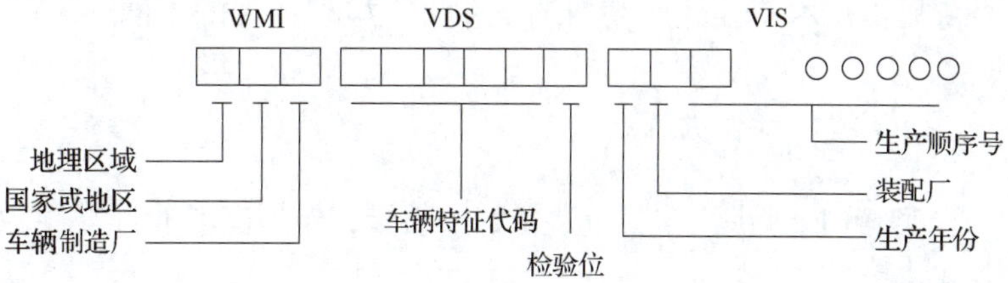

图1-8 车辆识别代号的组成

从VIN中可以识别出该车的生产国家、制造厂家、汽车类型、品牌名称、车型系列、车身形式、发动机型号、车型年款等信息，它是汽车修理、配件选购的重要依据，具体内容可参见国家标准《道路车辆 车辆识别代号（VIN）》（GB 16735—2019）。

二、车辆识别代号的标示位置

各大汽车制造厂将车辆识别代号放于不一样的位置，但每一车辆具有唯一的车辆识别代号，如图1-9所示为奥迪车型车辆识别代号的位置，其一般标示于：

1. 左风挡仪表盘上；
2. 门柱上；
3. 防火墙上；
4. 发动机、车架等大部件上；
5. 左侧轮罩内；
6. 转向柱上；

图 1-9　车辆识别代号标示位置示意图

7. 散热器支架上；

8. 发动机前部的加工垫上；

9. 质保和保养手册、维修手册上。

三、汽车技术参数

汽车的主要特征和技术特性随所装用的发动机类型和特性的不同而不同，通常有以下结构和性能参数。

1. 质量

（1）整车装备质量（kg）：汽车完全装备好的质量，包括润滑油、燃料、随车工具、备胎等所有装置的质量。

（2）最大总质量（kg）：汽车满载时的总质量。

（3）最大装载质量（kg）：汽车在道路上行驶时的最大装载质量。

（4）最大轴载质量（kg）：汽车单轴所承载的最大总质量，与道路通过性有关。

一般来讲，整车装备质量大的汽车高速行驶时的稳定性好，特别是急转弯或紧急制动的时候，优势很明显，但油耗会高些，使用成本增加。

2. 外廓尺寸（图 1-10）

（1）车长（mm）：汽车长度方向两极端点间的距离。

（2）车宽（mm）：汽车宽度方向两极端点间的距离。

（3）车高（mm）：汽车最高点至地面的距离。

（4）轴距（mm）：汽车前轴中心至后轴中心的距离。轴距的长短直接影响汽车的长度，进而影响汽车的内部使用空间。轴距越长，内部使用空间越大，但汽车的机动性变差。

（5）轮距（mm）：同一车桥左右轮胎胎面中心线间的距离，分为前轮距和后轮距。

（6）前悬（mm）：汽车最前端至前轴中心的距离。

（7）后悬（mm）：汽车最后端至后轴中心的距离。

（8）最小离地间隙（mm）：汽车满载时，车辆底部刚性物体最低点至地面的距离，如图 1-11 所示。最小离地间隙越大，汽车越容易越过障碍物，但重心偏高，降低了稳定性。

图 1-10　汽车外廓尺寸

图 1-11　最小离地间隙

（9）接近角（°）：汽车前端突出点向前轮引出的切线与地面的夹角，如图 1-12 所示。接近角越大，汽车在上下渡船或进行越野行驶时，就越不容易发生触头事故，汽车的通过性能就越好。

（10）离去角（°）：汽车后端突出点向后轮引出的切线与地面的夹角，如图 1-12 所示。离去角越大，车辆就可以从越陡的坡道上下来，而不用担心后保险杠被卡住。

图 1-12　接近角和离去角

（11）转弯半径（mm）：汽车转向时，汽车外侧转向轮的中心平面在车辆支撑平面上的轨迹圆半径，如图 1-13 所示。转向盘转到极限位置时的转弯半径为最小转弯半径。

3. 其他参数

（1）最高车速（km/h）：汽车在平直道路上行驶时能达到的最大速度。

（2）最大爬坡度（%）：汽车满载时的最大爬坡能力，如图 1-14 所示。

（3）平均燃料消耗量（L/100 km）：汽车在道路上行驶时，每百千米平均燃料消耗量。

（4）车轮数和驱动轮数（$n \times m$）：车轮数以轮毂数为计量依据，n 代表汽车的车轮总数，m 代表驱动轮数。

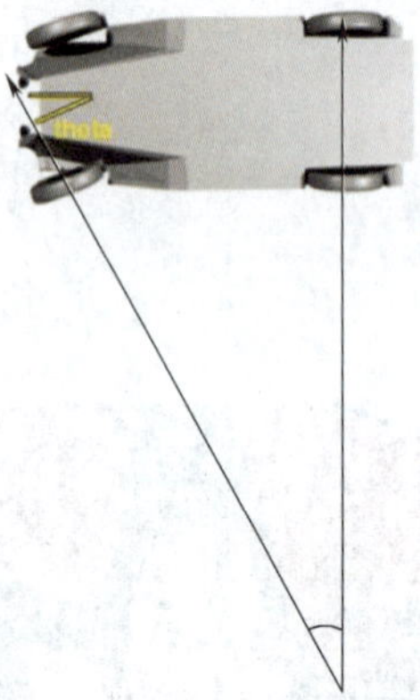

图 1-13　转弯半径

图 1-14　最大爬坡度

单元二 汽车发动机

汽车发动机是汽车的动力源泉，为整个汽车提供动力。除个别型号外，一般汽车的发动机通常安装在车身前部，如图 2-1 所示。发动机的作用是使输送进气缸内的燃料燃烧而产生机械动力。

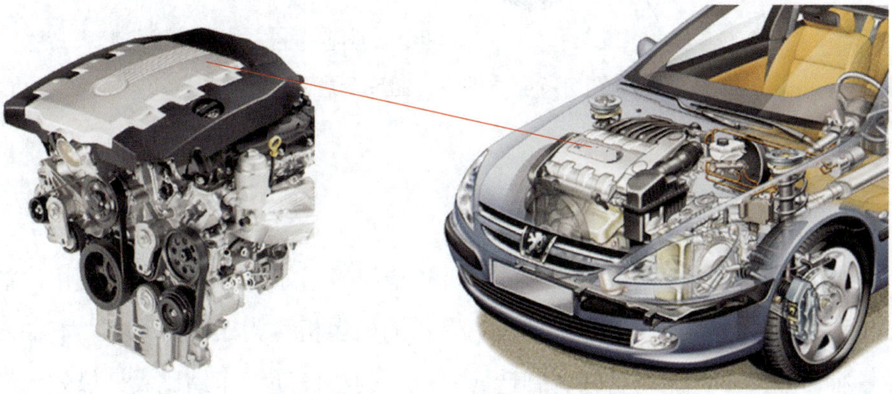

图 2-1　汽车发动机的安装位置

课题1　发动机总体构造

学习目标

1. 对照实物认识发动机的结构组成。
2. 掌握发动机的分类。
3. 掌握发动机常用基本术语及其工作过程。

知识链接

一、发动机的组成

发动机一般由曲柄连杆机构、配气机构、燃料供给系统、冷却系统、润滑系统、起动系统、点火系统（汽油发动机用）等部分组成，如图 2-2 所示。

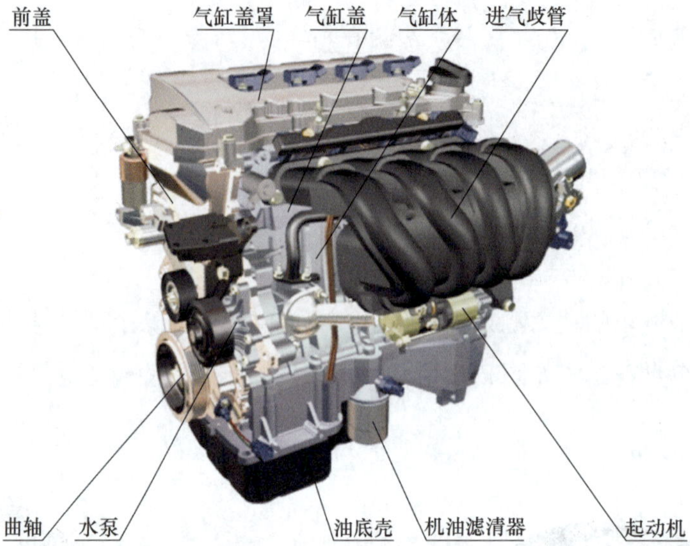

图 2-2　发动机的组成示意图

二、发动机的分类

1. 按燃料不同分

按所使用燃料的不同，发动机分为汽油机和柴油机，如图 2-3 所示。使用汽油作为燃料的内燃机称为汽油发动机，使用柴油作为燃料的内燃机称为柴油发动机。汽油发动机转速高，质量小，噪声小，启动容易，制造成本低；柴油发动机压缩比大，热效率高，经济性能和排放性能都比汽油发动机好。

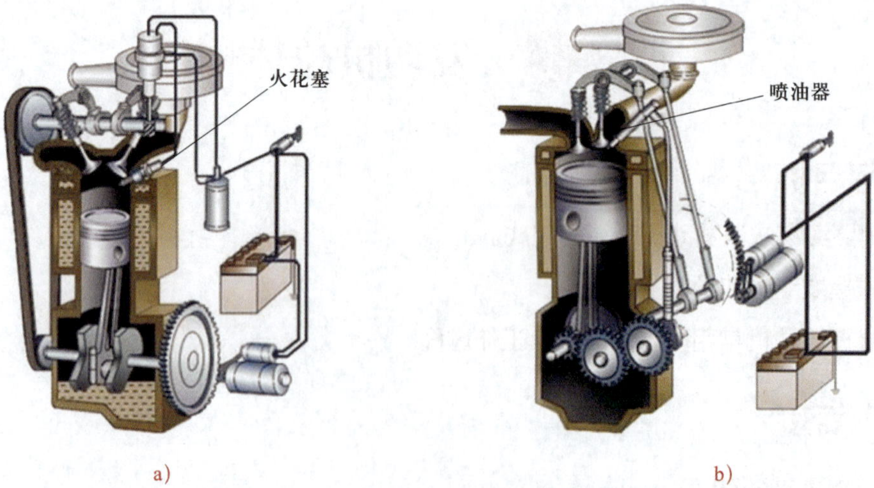

图 2-3　发动机按燃料不同分
a）汽油发动机　b）柴油发动机

2. 按一个工作循环所需的行程数分

按完成一个工作循环所需的行程数，发动机分为四行程内燃机和二行程内燃机，如图 2-4 所示。曲轴转两圈（720°），活塞在气缸内上下往复运动 4 个行程，完成一个工作循环的内燃机称为四行程内燃机；曲轴转一圈（360°），活塞在气缸内上下往复运动 2 个行程，完成一个工作循环的内燃机称为二行程内燃机。汽车发动机广泛使用四行程内燃机。

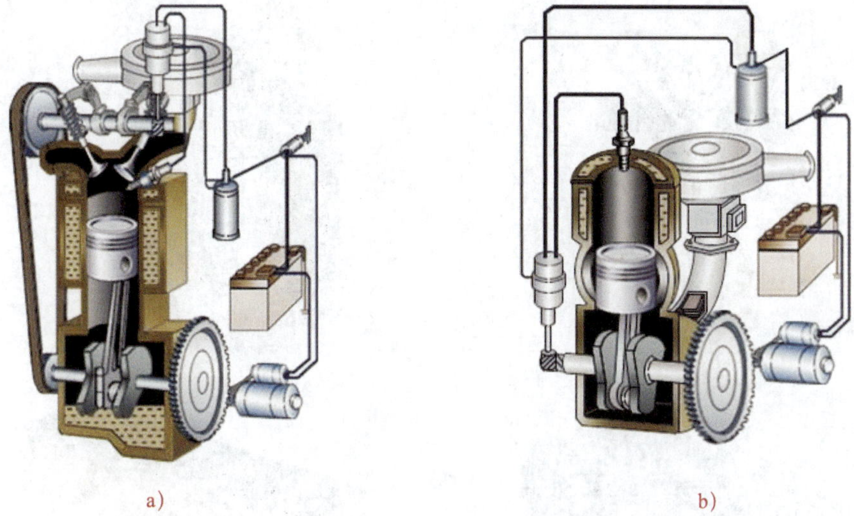

图 2-4 发动机按一个工作循环所需的行程数分
a）四行程 b）二行程

3. 按冷却方式分

按冷却方式不同，发动机分为水冷发动机和风冷发动机，如图 2-5 所示。水冷发动机是利用在气缸体和气缸盖冷却水管中循环的冷却液作为冷却介质进行冷却的，而风冷发动机是利用流动于气缸体与气缸盖外表面散热片之间的空气作为冷却介质进行冷却的。水冷发动机冷却均匀，工作可靠，冷却效果好，是广泛使用的现代车用发动机。

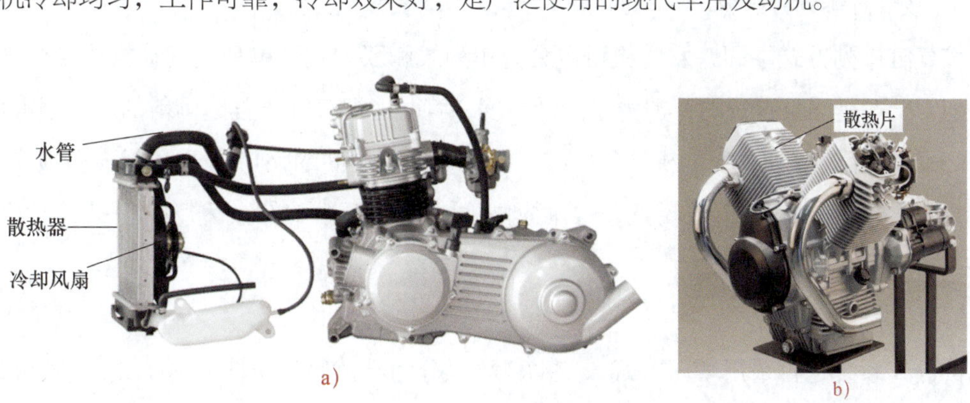

图 2-5 发动机按冷却方式分
a）水冷发动机 b）风冷发动机

4. 按气缸数分

按气缸数目不同，发动机分为单缸发动机和多缸发动机，如图 2-6 所示。仅有一个气缸的发动机称为单缸发动机，有两个以上气缸的发动机称为多缸发动机。如双缸、三缸、四缸、五缸、六缸、八缸、十二缸等都是多缸发动机。现代车用发动机多采用四缸、六缸、八缸发动机。

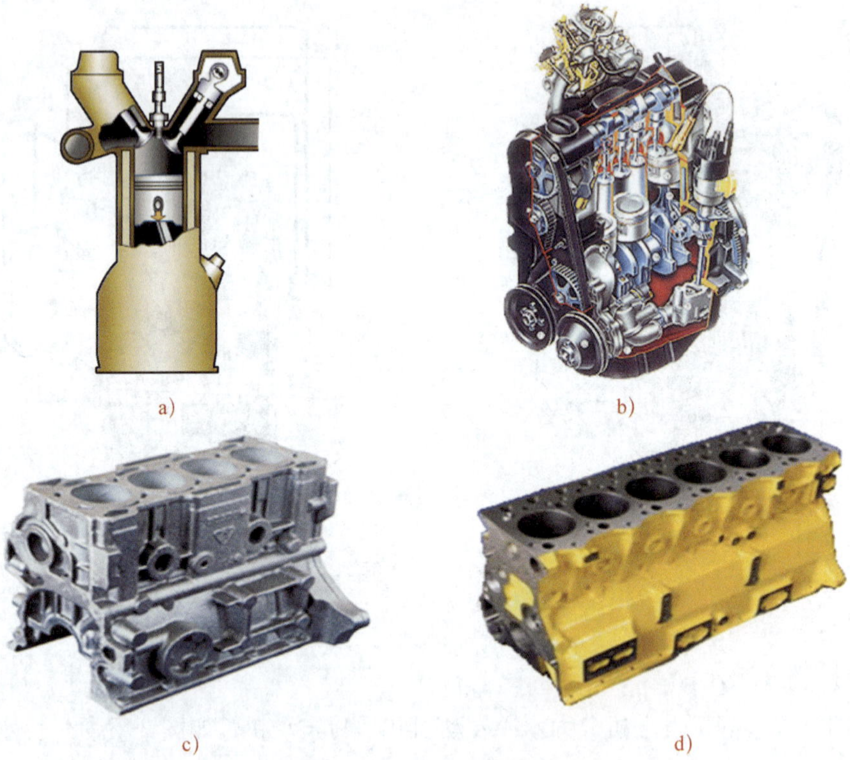

图 2-6　发动机按气缸数分

a）单缸发动机　b）多缸发动机　c）四缸发动机　d）六缸发动机

5. 按气缸排列方式分

按气缸排列方式不同，发动机可以分为单列式和双列式。单列式发动机的各个气缸排成一列，一般是垂直布置的，但为了降低高度，有时也把气缸布置成倾斜的，甚至水平的，如图 2-7a 所示；双列式发动机把气缸排成两列，两列之间的夹角小于 180°（一般为 90°）称为 V 型发动机，如图 2-7b 所示；若两列之间的夹角等于 180°，称为对置式发动机，如图 2-7c 所示。

6. 按进气方式分

按进气系统是否采用增压方式，发动机可以分为自然吸气（非增压）式发动机和强制进气（增压）式发动机，如图 2-8 所示。汽油机常采用自然吸气式，柴油机为了提高功率有采用强制进气式的。

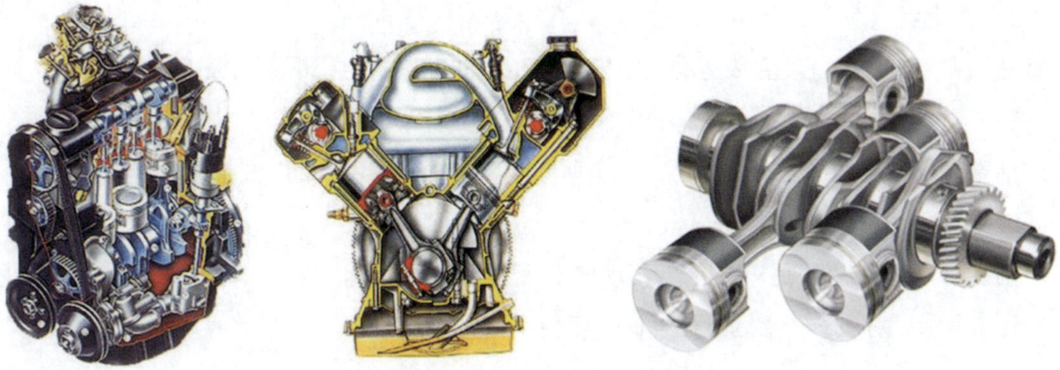

a) b) c)

图 2–7 发动机按气缸排列方式分

a）单列式发动机 b）V 型发动机 c）对置式发动机

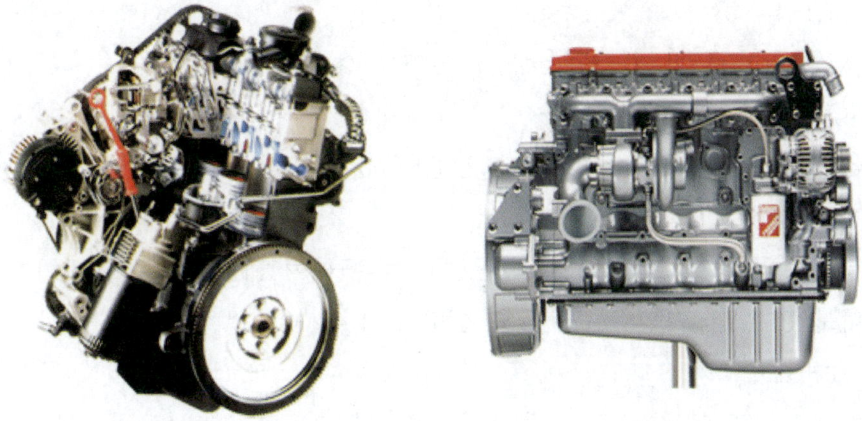

a) b)

图 2–8 发动机按进气方式分

a）自然吸气（非增压）式发动机 b）强制进气（增压）式发动机

三、发动机基本术语（图 2–9）

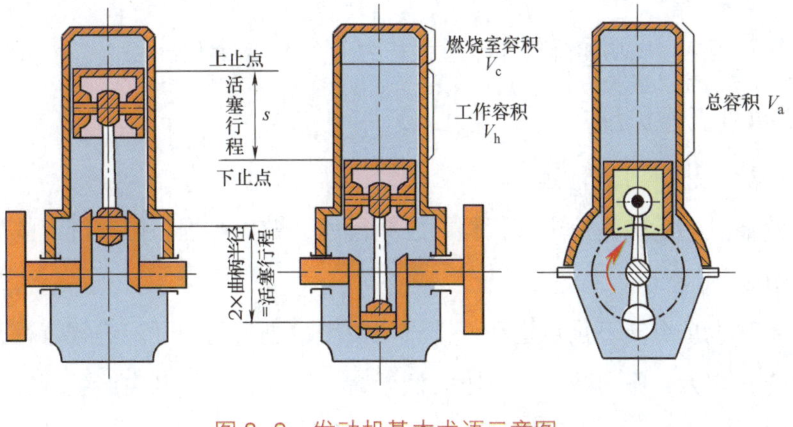

图 2–9 发动机基本术语示意图

1. 上止点

活塞在气缸里做往复直线运动，活塞顶部距离曲轴旋转中心最远的极限位置。

2. 下止点

活塞在气缸里做往复直线运动，活塞顶部距离曲轴旋转中心最近的极限位置。

3. 活塞行程

活塞从一个止点到另一个止点移动的距离，即上、下止点之间的距离称为活塞行程，一般用 s 表示。对应一个活塞行程，曲轴旋转 180°。

4. 曲柄半径

曲轴旋转中心到曲柄销中心之间的距离称为曲柄半径，一般用 R 表示。通常活塞行程为曲柄半径的两倍，即 $s=2R$。

5. 气缸工作容积

活塞从一个止点运动到另一个止点所扫过的容积称为气缸工作容积，一般用 V_h 表示。

6. 燃烧室容积

活塞位于上止点时，其顶部与气缸盖之间的容积称为燃烧室容积，一般用 V_c 表示。

7. 气缸总容积

活塞位于下止点时，其顶部与气缸盖之间的容积称为气缸总容积，一般用 V_a 表示。气缸总容积就是气缸工作容积和燃烧室容积之和，即 $V_a=V_c+V_h$。

8. 发动机排量

多缸发动机各气缸工作容积的总和称为发动机排量，一般用 V_L 表示。

9. 压缩比

气体压缩前的容积与气体压缩后的容积之比值，即气缸总容积与燃烧室容积之比称为压缩比，一般用 ε 表示。通常汽油机的压缩比为 6 ~ 10，柴油机的压缩比较高，一般为 16 ~ 22。

10. 工作循环

完成进气、压缩、做功和排气 4 个过程称为一个工作循环。

四、发动机工作原理

1. 四行程汽油机的工作原理

四行程汽油机的运转是按进气行程、压缩行程、做功行程和排气行程的顺序不断循环反复的，如图 2-10 所示。

（1）活塞从上止点向下止点运动，排气门关闭，进气门打开。进气行程开始，活塞下移，气缸内容积增大，压力减小，当压力低于大气压时，在气缸内产生真空吸力，空气和汽油的混合气体通过进气门进入气缸，在气缸内形成混合气。

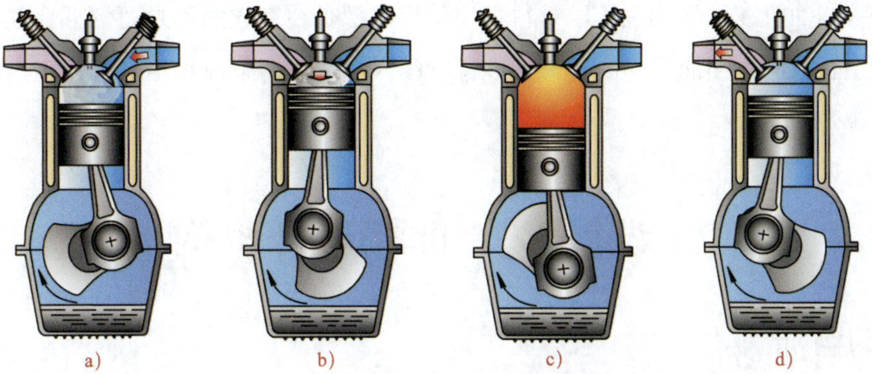

图 2-10 四行程汽油机的工作原理

a）进气行程 b）压缩行程 c）做功行程 d）排气行程

（2）曲轴继续旋转，活塞从下止点向上止点运动，这时进气门和排气门都关闭，气缸内形成封闭容积，可燃混合气受到压缩，压力和温度不断升高，当活塞到达上止点时压缩行程结束。

（3）当活塞位于压缩行程接近上止点位置时，火花塞产生电火花点燃可燃混合气，可燃混合气燃烧后放出大量的热，使气缸内气体温度和压力快速升高，高温高压气体膨胀，推动活塞从上止点向下止点运动，通过连杆使曲轴旋转并输出机械功。

（4）当做功接近终了时，排气门开启，进气门仍然关闭，靠废气的压力先进行自由排气，活塞到达下止点再向上止点运动时，继续把废气强制排出到大气中去，活塞越过上止点后，排气门关闭，排气行程结束。

2. 四行程柴油机的工作原理

四行程柴油机和四行程汽油机的工作过程相同，每一个工作循环同样包括进气、压缩、做功和排气四个行程，如图 2-11 所示，但由于柴油机使用的燃料是柴油，柴油黏度大，不易蒸发，自燃温度低，故柴油机可燃混合气的点火方式是压燃式。

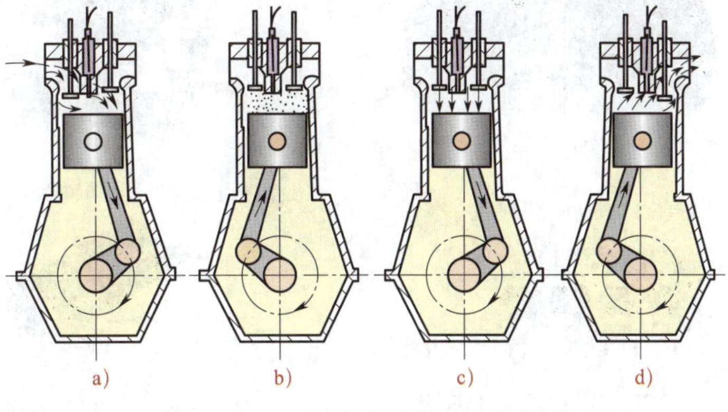

图 2-11 四行程柴油机的工作原理

a）进气行程 b）压缩行程 c）做功行程 d）排气行程

四行程柴油机在进气行程和压缩行程中使用的都是纯空气而不是可燃混合气，在压缩行程接近上止点时，喷油器将高压柴油以雾状喷入燃烧室，柴油和空气在气缸内形成可燃混合气并着火燃烧。

课题2 曲柄连杆机构

学习目标

1. 掌握曲柄连杆机构的作用。
2. 认识曲柄连杆机构的组成及各零件的结构。

知识链接

曲柄连杆机构的作用是把可燃混合气作用在活塞顶上的力转变为曲轴的转矩，向工作机构输出机械能。曲柄连杆机构由机体组、活塞连杆组、曲轴飞轮组三部分组成，如图 2-12 所示。

一、机体组

机体是构成发动机的骨架，是发动机各机构和各系统的安装基础，其内、外安装着发动机的所有主要零件和附件，承受各种载荷。因此，机体必须要有足够的强度和刚度。如图 2-13 所示，机体组主要由气缸体、油底壳、气缸盖和气缸盖罩等零件组成。

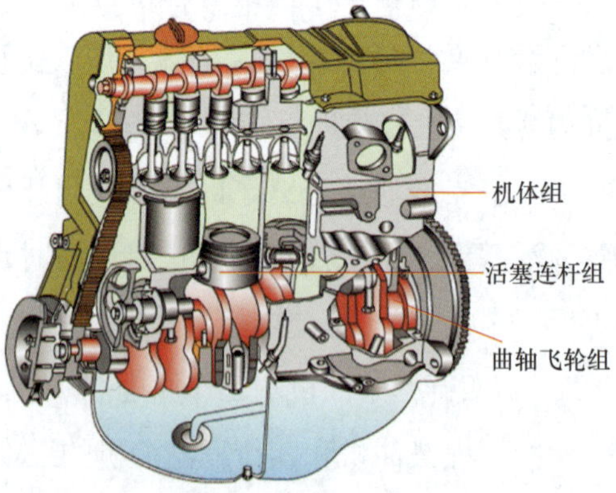

图 2-12　曲柄连杆机构组成示意图

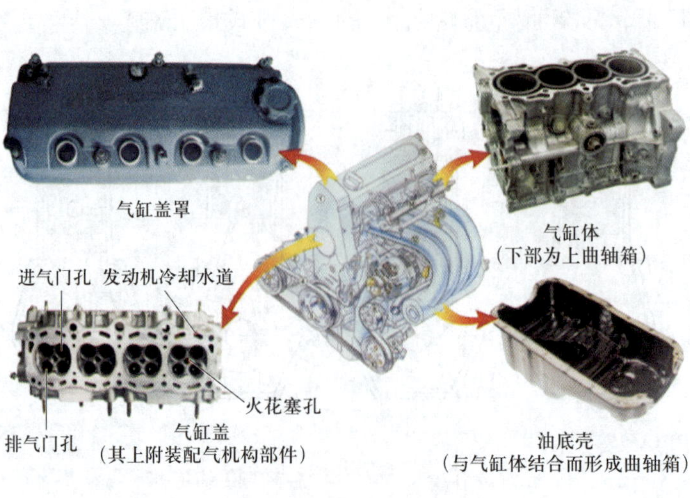

图 2-13　机体组组成示意图

1. 气缸体（图 2-14）

气缸体是装配基体。气缸体上半部有若干个为活塞在其中的运动作为导向的圆柱形空腔，称为气缸。下半部为支撑曲轴的上曲轴箱，其内腔为曲轴运动的空间。气缸体和上曲轴箱通常制成一体，由灰铸铁或铝合金铸造。

根据气缸体与油底壳安装平面的位置不同，通常把气缸体分为一般式、龙门式和隧道式 3 种，如图 2-15 所示。

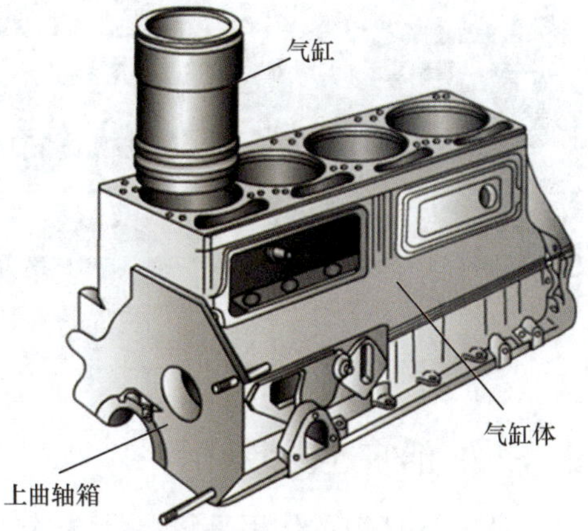

图 2-14　气缸体

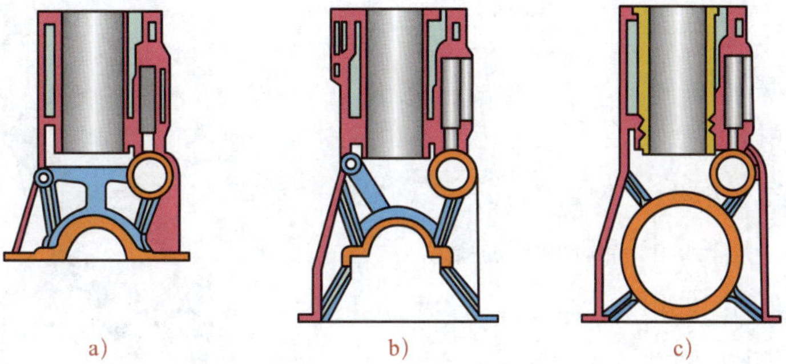

图 2-15　气缸体的分类

a）一般式　b）龙门式　c）隧道式

2. 油底壳（图 2-16）

气缸体下部用来安装曲轴的部位称为曲轴箱，曲轴箱分上曲轴箱和下曲轴箱。上曲轴箱与气缸体铸成一体，下曲轴箱用来储存润滑油，并封闭上曲轴箱，因此又称为油底壳。

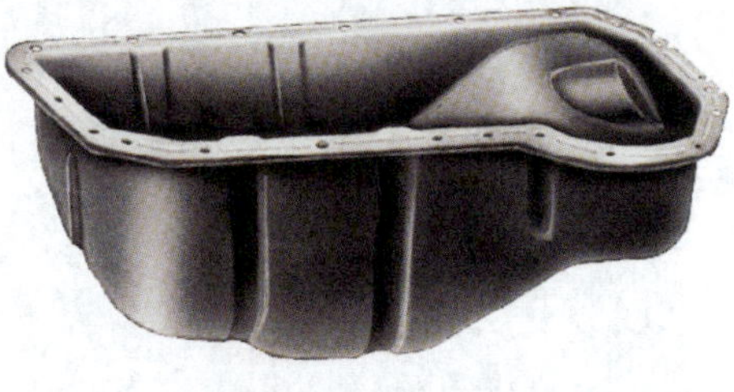

图 2-16　油底壳

3. 气缸盖（图 2-17）

气缸盖的主要作用是封闭气缸上部，并与活塞顶部和气缸壁一起形成燃烧室。气缸盖内部有与气缸体相通的冷却水管，有进、排气门座及气门导管孔和进、排气通道，有燃烧室、火花塞座孔（汽油机）或喷油器座孔（柴油机），上置凸轮轴式发动机的气缸盖上还有用以安装凸轮轴的轴承座。

4. 气缸垫（图 2-18）

气缸垫安装在缸体与缸盖之间，保证气缸体与气缸盖之间的密封，防止漏气、漏水和漏油。

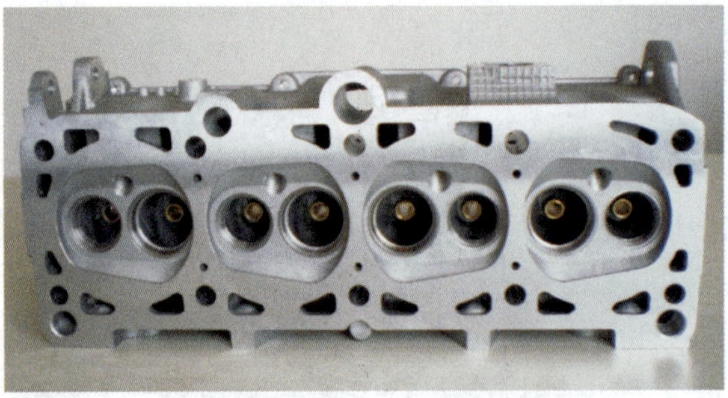

图 2-17　气缸盖

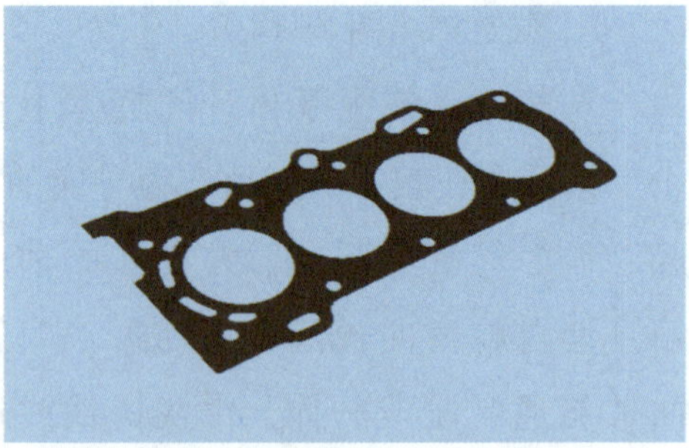

图 2-18　气缸垫

二、活塞连杆组

活塞连杆组的作用是将混合气燃烧过程中活塞获得的动力传递给曲轴，其由活塞、活塞环（包括油环和气环）、活塞销、连杆、连杆轴瓦、连杆轴承盖等零件组成，如图 2-19 所示。

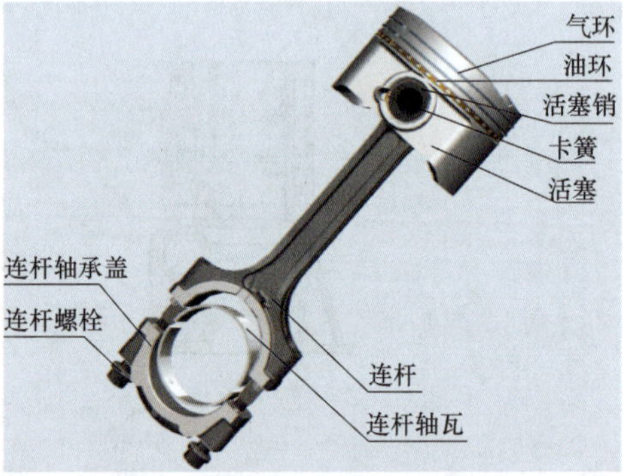

图 2-19　活塞连杆组组成示意图

1. 活塞（图 2-20）

活塞一般采用高强度铝合金制造，它与气缸盖共同构成燃烧室，承受气体压力，并将气体压力通过活塞销传给连杆，以推动曲轴旋转。活塞一般由顶部、头部和裙部组成。

2. 活塞环（图 2-21）

活塞环按其作用可分为气环和油环两类。

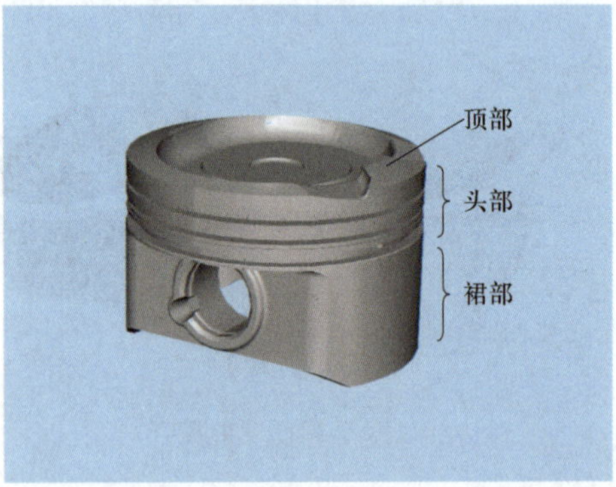

图 2-20　活塞

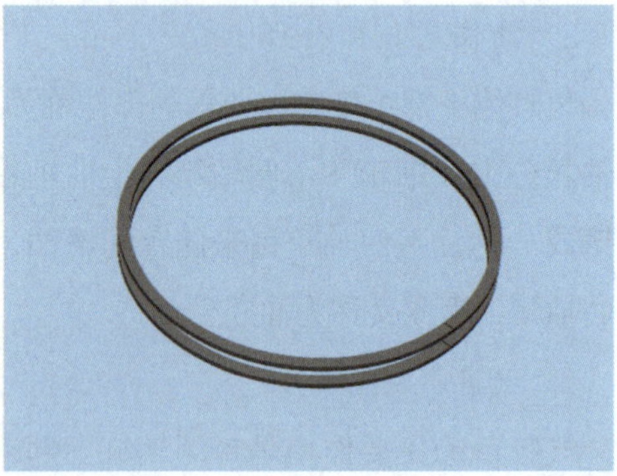

图 2-21　活塞环

气环用以保证活塞与气缸壁间的密封，防止漏气，同时还可将活塞顶部的大部分热量传导到气缸壁，再由发动机冷却液带走。一般发动机上每个活塞装有 2 ~ 3 道气环。

油环用来刮除气缸壁上多余的润滑油，并在气缸壁上布上一层均匀的油膜，既可以防止润滑油窜入气缸燃烧，又可以减小活塞环与气缸壁的磨损和摩擦阻力。此外，油环也起到密封的辅助作用。通常发动机有 1 ~ 2 道油环。

3. 活塞销（图 2-22）

活塞销的作用是连接活塞和连杆小头，将活塞承受的压力传给连杆。

4. 连杆（图 2-23）

连杆的作用是将活塞承受的力传给曲轴，推动曲轴转动，从而使活塞的往复运动转变为曲轴的旋转运动。连杆由小头、杆身和大头（包括连杆盖）三部分组成。

图 2-22 活塞销

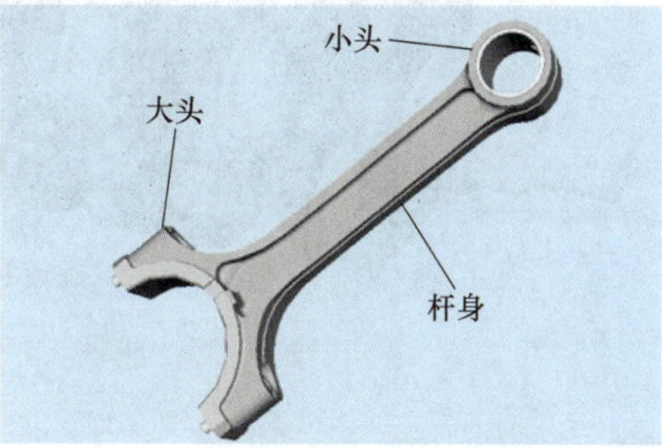

图 2-23 连杆

三、曲轴飞轮组

曲轴飞轮组主要由曲轴和飞轮以及其他零件（曲轴正时齿轮、曲轴轴瓦、止推垫片、带轮）和附件等组成，如图 2-24 所示。

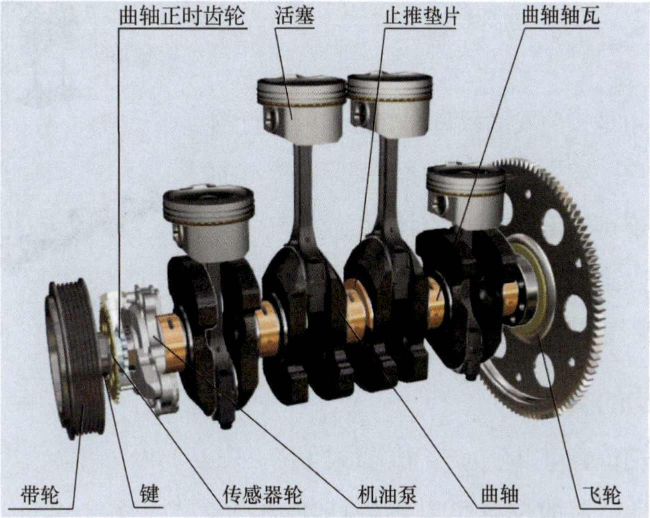

图 2-24 曲轴飞轮组组成示意图

1. 曲轴（图 2-25）

曲轴承受连杆传来的力，使其绕本身轴线旋转，然后通过飞轮输出力矩。另外，曲轴还用来驱动发动机的配气机构及其他辅助装置。曲轴一般由主轴颈、连杆轴颈、曲柄、平衡重、前端轴和后端凸缘等组成。

2. 飞轮（图 2-26）

飞轮的作用是利用做功冲程的惯性力，克服其他冲程中的阻力，带动活塞越过上、下止点，保证曲轴的旋转角速度和输出转矩尽可能均匀，并使发动机有可能克服短时间的超载。

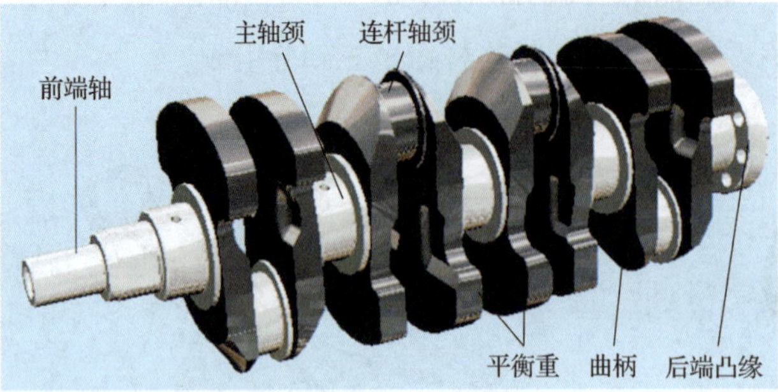

图 2-25　曲轴

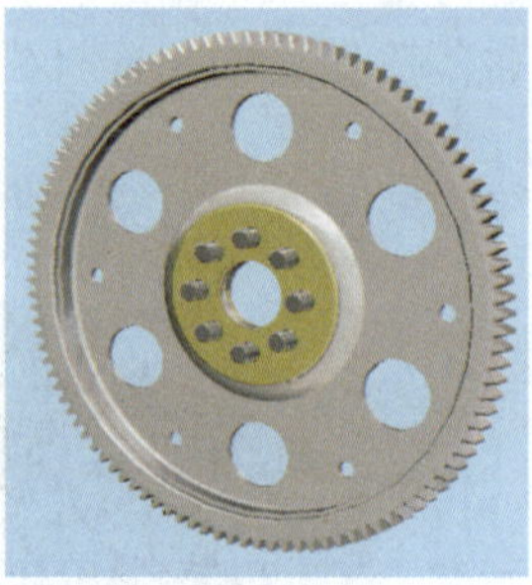
图 2-26　飞轮

课题3　配气机构

学习目标

1. 掌握配气机构的作用。
2. 认识配气机构的组成及各零件的结构。

知识链接

配气机构的作用是按照发动机每一气缸内所进行的工作循环或点火顺序的要求，定时开启和关闭各气缸的进、排气门，使新鲜可燃混合气（汽油机）或空气（柴油机）得以及时进入气缸，废气得以及时从气缸排出。如图 2-27 所示，配气机构由气门组和气门传动组组成。

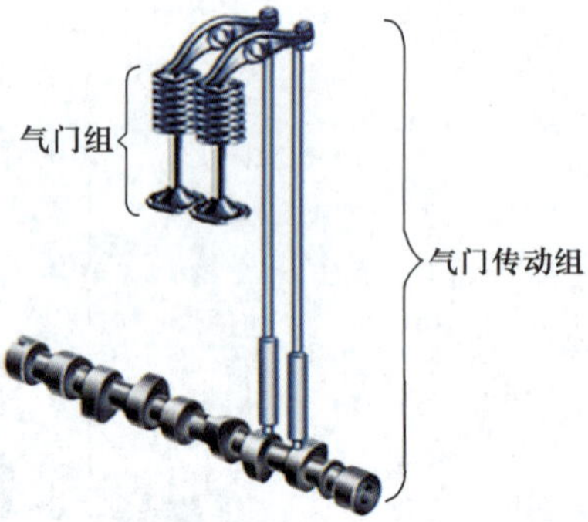

图 2-27　配气机构的组成

一、配气机构的类型

配气机构按气门位置可以分为气门侧置式（图 2-28a）和气门顶置式（图 2-28b）。

配气机构按凸轮轴的位置可以分为凸轮轴下置式（图 2-29a）、凸轮轴中置式（图 2-29b）和凸轮轴上（顶）置式（图 2-29c）。

配气机构按传动方式分为齿轮传动（图 2-30a）、链传动（图 2-30b）和齿形皮带传动（图 2-30c）。

气门顶置式、凸轮轴上置式配气机构应用最为广泛，传动方式一般为齿形皮带传动或链传动。

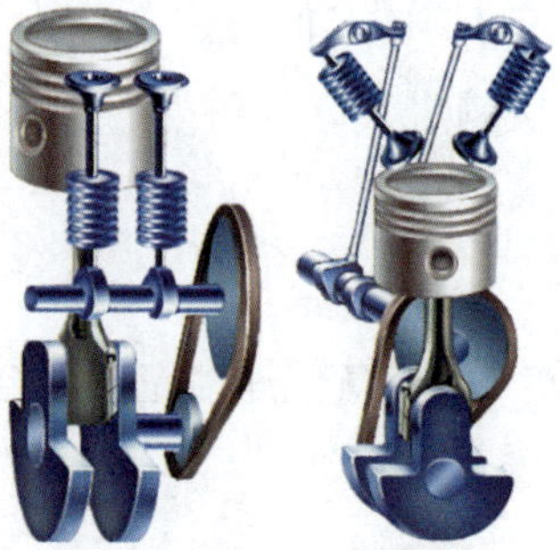
a)　　b)

图 2-28　按气门位置分

a）气门侧置式　b）气门顶置式

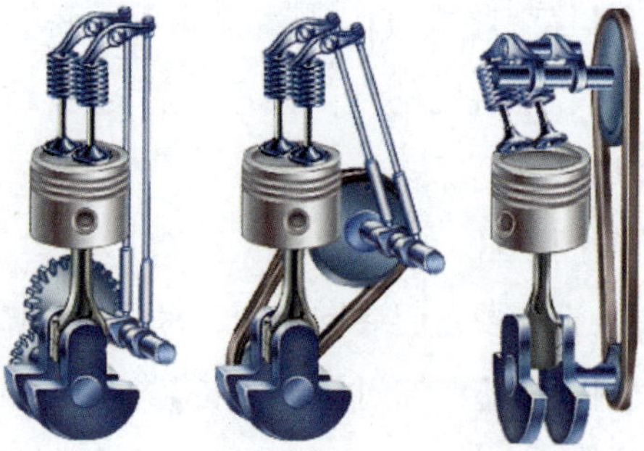
a)　　b)　　c)

图 2-29　按凸轮轴的位置分

a）凸轮轴下置式　b）凸轮轴中置式　c）凸轮轴上置式

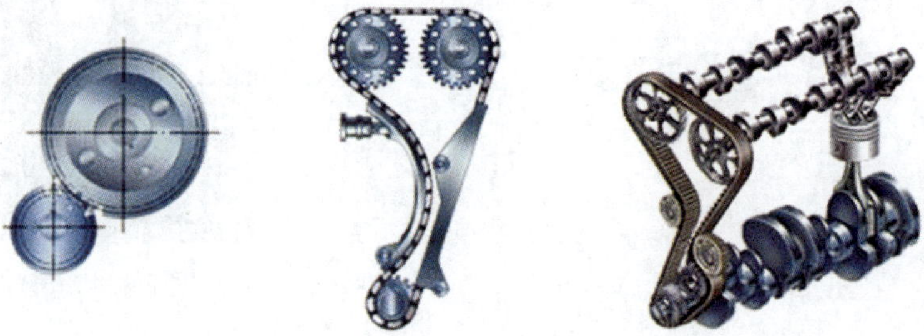
a)　　b)　　c)

图 2-30　按传动方式分

a）齿轮传动　b）链传动　c）齿形皮带传动

二、配气机构的组成

1. 气门组

如图 2-31 所示，气门组包括气门、气门油封、气门弹簧、气门弹簧座及气门锁片等零件。气门组的作用是准时接通和切断进、排气系统与气缸之间的通道。

（1）气门

图 2-32 所示气门由头部和杆部两部分组成，头部用来封闭气缸的进、排气通道，杆部则主要为气门的运动起导向作用。

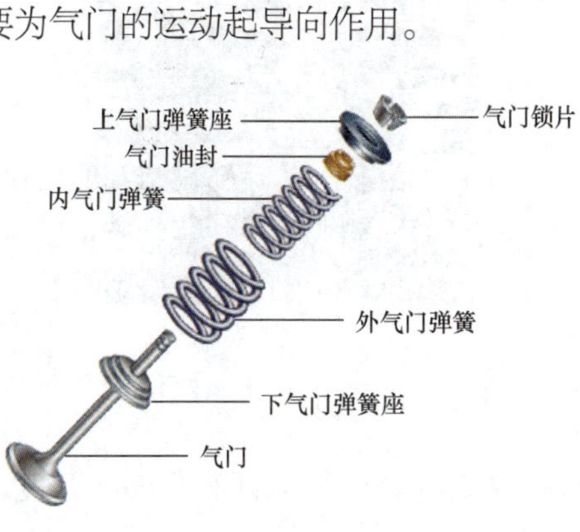

图 2-31　气门组的组成

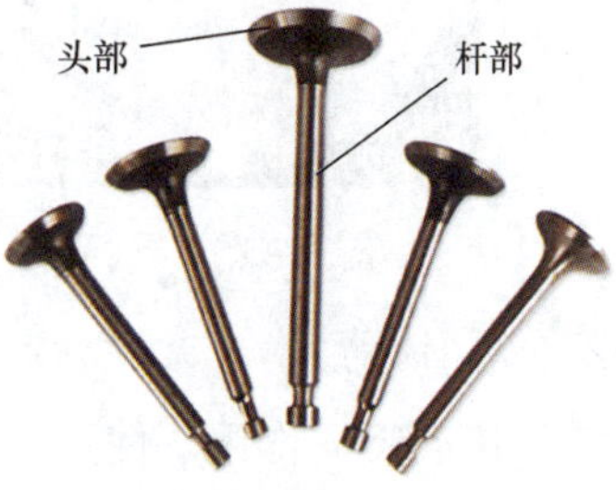

图 2-32　气门的组成

气门与气门座或气门座圈之间靠锥面密封。气门锥面与气门顶面之间的夹角称为气门锥角，进、排气门的气门锥角一般均为 45°，只有少数发动机的进气门锥角为 30°，如图 2-33 所示。

（2）气门导管（图 2-34）

气门导管主要是起导向作用，保证气门做直线往复运动，使气门与气门座能正确贴合。此外，气门导管还在气门杆与气缸盖之间起导热作用。

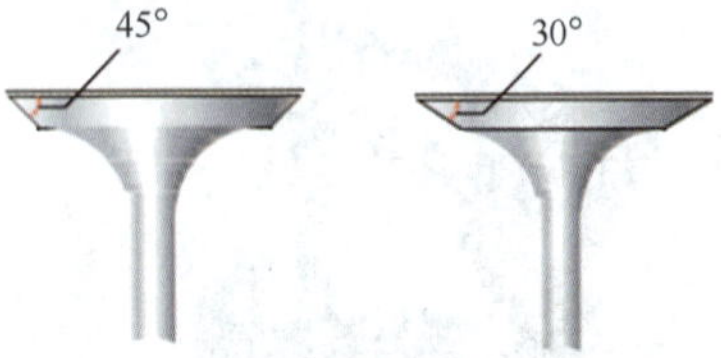

图 2-33　气门锥角

图 2-34　气门导管

（3）气门座（图 2-35）

气门座与气门头部共同对气缸起密封作用，并接受气门传来的热量。气门座在高温条件下工作，磨损严重，因此有不少发动机的气门座选用较好的材料（合金铸铁、奥氏体钢等）单独制作，然后镶嵌到气缸盖上。

（4）气门弹簧（图 2-36）

气门弹簧的作用是克服气门关闭过程中气门及传动件的惯性力，防止各传动件之间因惯性力的作用而产生间隙，保证气门及时落座并紧紧贴合，防止气门在发动机振动时发生跳动，破坏其密封性。

图 2-35　气门座

图 2-36　气门弹簧

2. 气门传动组

气门传动组的作用是使进、排气门按照规定的时刻开闭，且保证有足够的开度，其主要包括凸轮轴、挺柱、推杆和摇臂等，如图 2-37 所示。

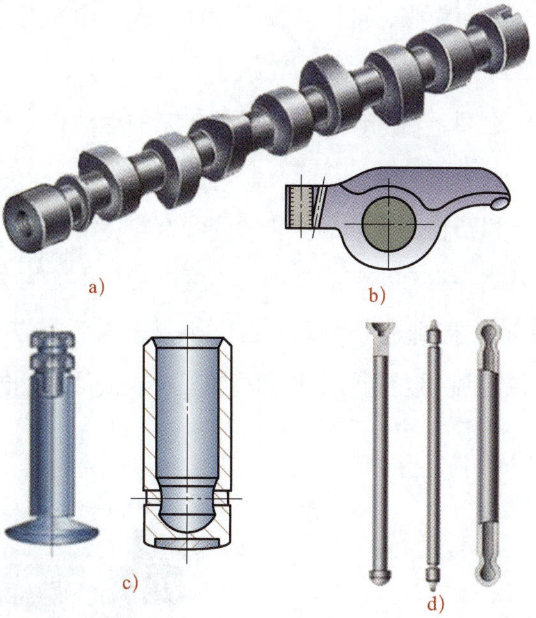

图 2-37 气门传动组
a）六缸发动机凸轮轴 b）摇臂 c）挺柱 d）推杆

（1）凸轮轴（图 2-38）

凸轮轴上主要配置有各缸进、排气凸轮，用以使气门按一定的工作次序和配气相位及时开闭，并保证气门有足够的升程。

图 2-38 凸轮轴

（2）挺柱（图 2-39）

机械挺柱（图 2-39a）的结构简单，质量小，在中、小型发动机中应用比较广泛。挺柱上的推杆球面支座的半径比推杆球头半径略大，以便在两者中间形成楔形油膜来润滑推杆球头和挺柱上的球面支座。

在配气机构中预留气门间隙将使发动机工作时配气机构产生撞击和噪声。为了消除这一弊端，有些发动机尤其是轿车发动机采用液力挺柱（图 2-39b），借以实现零气门间隙。

图 2-39 挺柱
a）机械挺柱 b）液力挺柱

气门及其传动件因温度升高而膨胀，或因磨损而缩短，都会由液力作用来自行调整或补偿。

（3）推杆（图 2-40）

推杆位于挺柱与摇臂之间，它的作用是将挺柱传来的运动和力传给摇臂。

（4）摇臂（图 2-41）

摇臂的作用是将推杆和凸轮传来的运动和力改变方向传给气门使其开启。摇臂在摆动过程中承受很大的弯矩，因此，应有足够的强度和刚度以及较小的质量。摇臂由锻钢、可锻铸铁、球墨铸铁或铝合金制造。摇臂是一个双臂杠杆，以摇臂轴为支点，两臂不等长。短臂端加工有螺纹孔，用来拧入气门间隙调整螺钉。长臂端加工成圆弧面，是推动气门的工作面。

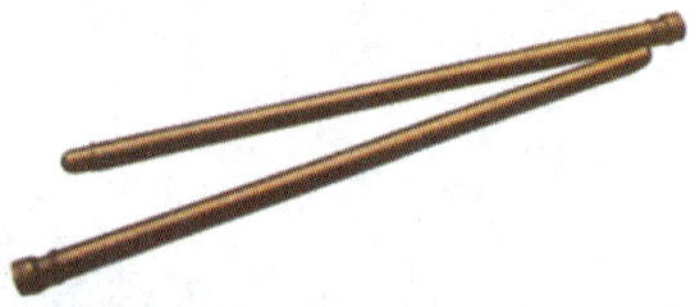

图 2-40　推杆

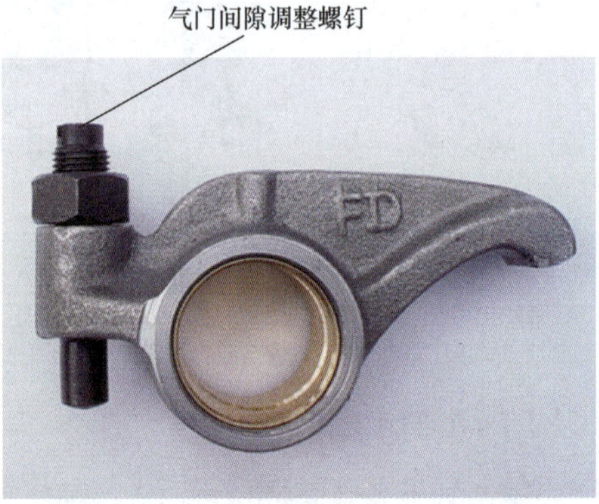

图 2-41　摇臂

三、配气相位

配气相位是用曲轴转角表示的进、排气门的实际开闭时刻和开启的持续时间。用曲轴转角的环形图来表示配气相位，称为配气相位图，如图 2-42 所示。

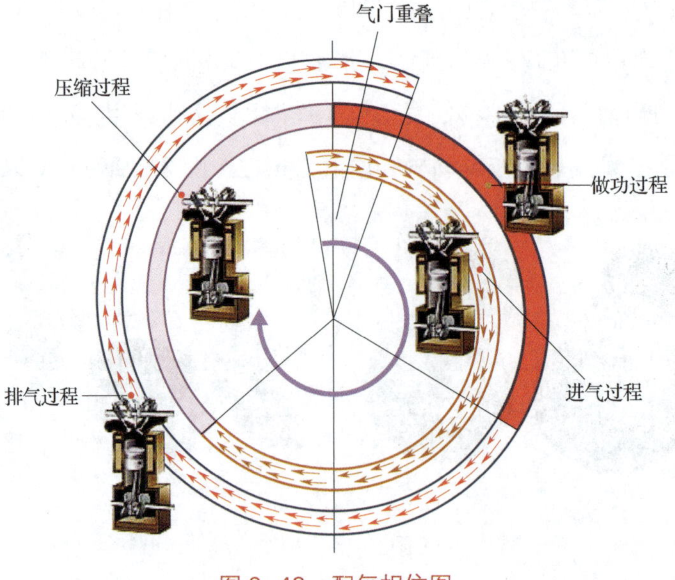

图 2-42　配气相位图

课题4 汽油机燃料供给系统

学习目标

1. 掌握汽油机燃料供给系统的作用。
2. 认识汽油机燃料供给系统的组成及各零件的结构。

知识链接

汽油机燃料供给系统的作用是根据发动机不同工况的要求，给气缸提供不同浓度和数量的汽油和空气的可燃混合气。汽油机燃料供给系统有化油器式燃料供给系统和电控燃油供给系统，化油器式燃料供给系统已经淘汰，目前，汽车使用的是电控燃油供给系统。由于供给发动机燃油是以喷射的方式进行，所以一般称为电控燃油喷射系统。

如图 2-43 所示，电控燃油喷射系统由空气供给装置、燃油供给装置、电子控制装置等组成。

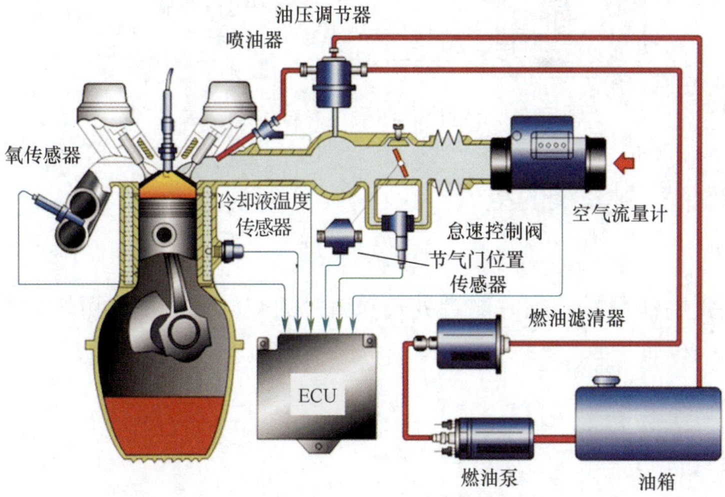

图 2-43 电控燃油喷射系统的组成

一、电控燃油喷射系统的工作原理

如图 2-44 所示，发动机工作时电控单元读取进气流量（进气歧管压力）、发动机转速、冷却液温度、进气温度、节气门位置等传感器输入的信息，然后将这些信息与存储在 ROM 存储器中的预置好的信息进行比较，从而确定在这种状态下发动机所需的油量和点火提前时间。然后发出喷油脉冲信号，通过控制喷油器喷油时间的长短来控制喷油量，实现对可燃混合气浓度的精确控制。一般来讲，进气流量（或进气歧管压力）和发动机转速是主参数，由它们可以确定在此工况下的基本燃油供给量和点火正时时刻，其他几个参数对基本量起修正作用。

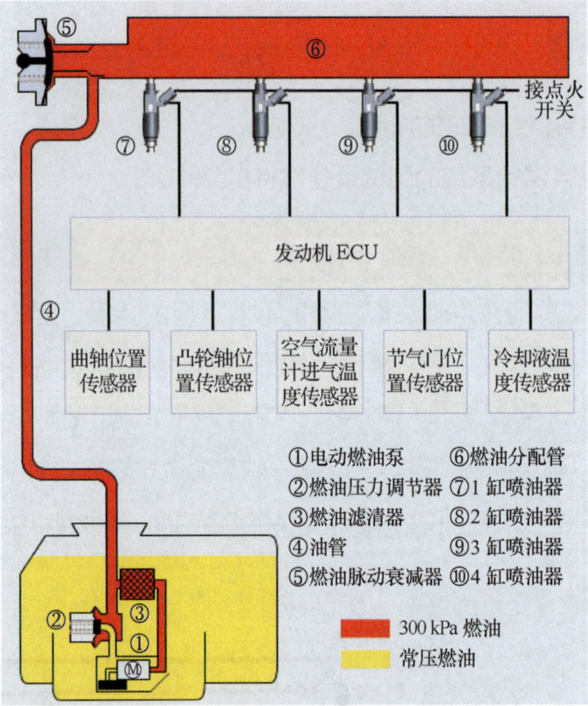

图 2-44　电控燃油喷射系统的工作原理

二、电控燃油喷射系统的组成

1. 进气系统

空气供给装置的作用是控制并测量吸入发动机的空气量，提供可燃混合气形成所需的空气，其主要由空气滤清器、空气流量计（或进气压力传感器）、节气门体、进气管、进气歧管和怠速控制阀等组成。

（1）空气滤清器

空气滤清器的作用是清除流向发动机的空气中所含的尘土和砂粒，以减少气缸、活塞和活塞环的磨损，并可以一定程度地消除发动机吸气行程中所产生的噪声。空气滤清器主要由滤清器本体、滤芯、滤清器盖、进气口、橡胶导流罩等组成，如图 2-45 所示。现代轿车常用干式纸滤芯空气滤清器。

（2）空气流量计（图 2-46）

空气流量计是测量发动机进气量的装置，也称为空气流量传感器，其用于 L 型电控燃油喷射系统中，它的作用是将吸入的空气量转换为电信号送给发动机 ECU，是发动机 ECU 确定发动机基本喷油量的重要信号之一。

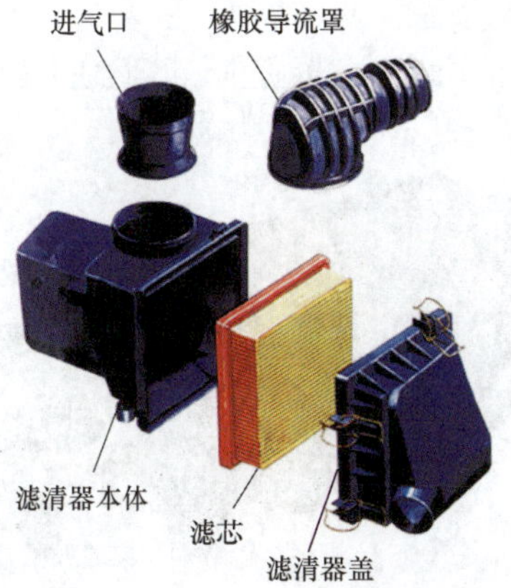

图 2-45　空气滤清器的组成

图 2-46　空气流量计

根据测量原理不同，空气流量计常见的有叶片式、卡门旋涡式、热膜式、热线式等。

（3）进气压力传感器（图 2-47）

进气压力传感器的作用是测量进气歧管内的绝对压力，并将其转变为电压信号输送到发动机 ECU，发动机 ECU 据此和发动机转速信号确定实际进气量。进气压力传感器的种类较多，分为半导体压敏电阻式、电容式、三线高灵敏度可变电阻式和膜盒传动可变电感式等。

（4）节气门位置传感器（图 2-48）

节气门位置传感器的作用是把节气门的位置或开度转换成电信号，传输给电控单元，作为电控单元判定发动机运行工况的依据，实现不同节气门开度下的喷油量控制。

图 2-47　进气压力传感器

图 2-48　节气门位置传感器

（5）节气门体（图 2-49）

驾驶员通过加速踏板控制节气门体上的节气门开度，改变发动机的进气量，进行发动机的功率调节。节气门体上一般安装有节气门、节气门位置传感器和用于控制发动机怠速的怠速空气阀等部件。

（6）进气歧管（图 2-50）

进气歧管的作用是将可燃混合气送至发动机的各个气缸。进气歧管一般用铸铁制成，也有用铝合金铸造的。进、排气歧管两者可铸成一体，也可分别铸出，用双头螺柱固定在气缸体上或气缸盖上，为防止漏气，其接合面装有石棉衬垫，进、排气歧管的各支管分别与进、排气门的通道相连。

图 2-49　节气门体

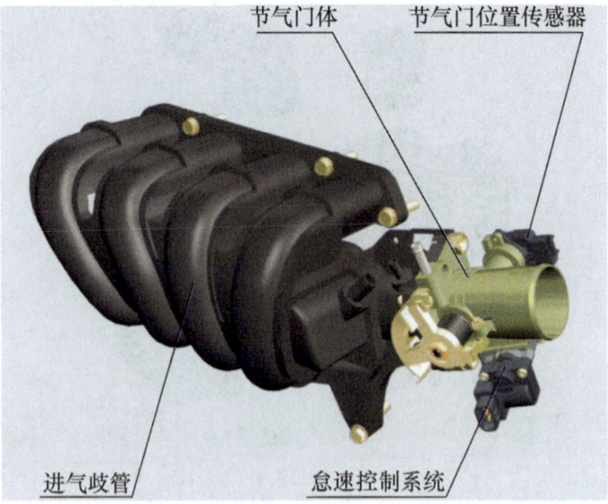

图 2-50　进气歧管

2. 排气系统

排气系统在汽车上的位置如图 2-51 所示，其作用是将气缸内燃烧的废气经过净化处理后排入空气中，其主要由排气歧管、排气消声器、三元催化转化器和排气管等组成。

（1）排气歧管（图 2-52）

排气歧管的作用是汇集各气缸燃烧后的废气，经排气管和排气消声器排出。

图 2-51　排气系统的位置

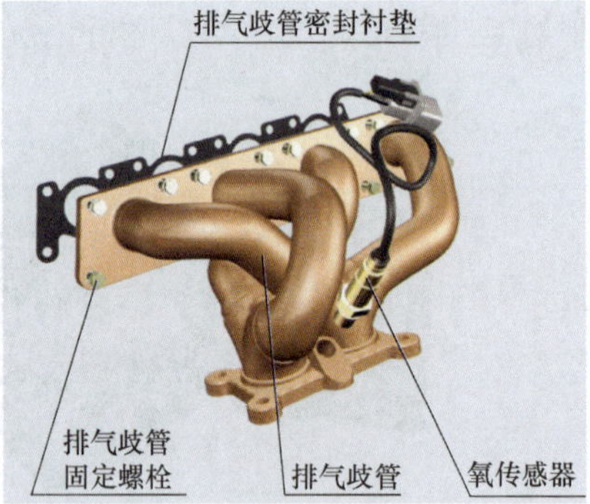

图 2-52　排气歧管

（2）排气消声器（图 2-53）

排气消声器的作用是降低和衰减排气压力，以消除、降低排气噪声，其一般采用镀铝钢或不锈钢制成。按内部结构形式，排气消声器可分为逆流式和直流式。排气消声器一般与排气管焊成一体，有的通过螺栓连接。

（3）三元催化转化器（图 2-54）

三元催化转化器的作用是把发动机尾气中的有害排放物，主要指碳氢化合物、一氧化碳和氮氧化合物，转化为无害的排放物，如水蒸气、二氧化碳和氮气。一般常用的催化剂是贵金属铂、铑、钯。

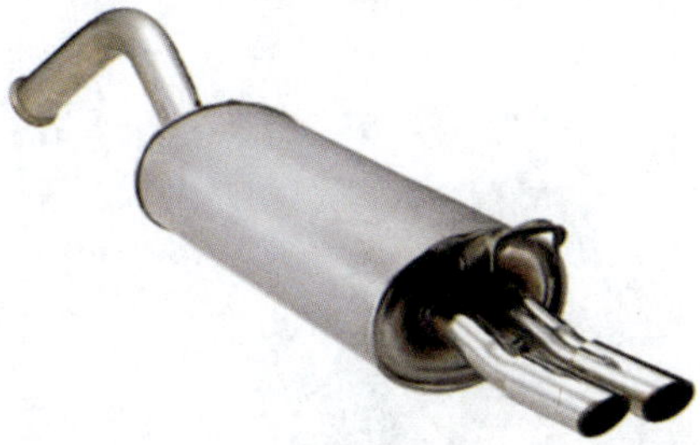

图 2-53 排气消声器

图 2-54 三元催化转化器

3. 燃油供给装置

燃油供给装置是用来向气缸供给燃烧所需汽油的装置，它主要由燃油泵、燃油箱、燃油滤清器、喷油器、燃油压力调节器和燃油总管（进油管、回油管）等组成，如图 2-55 所示。

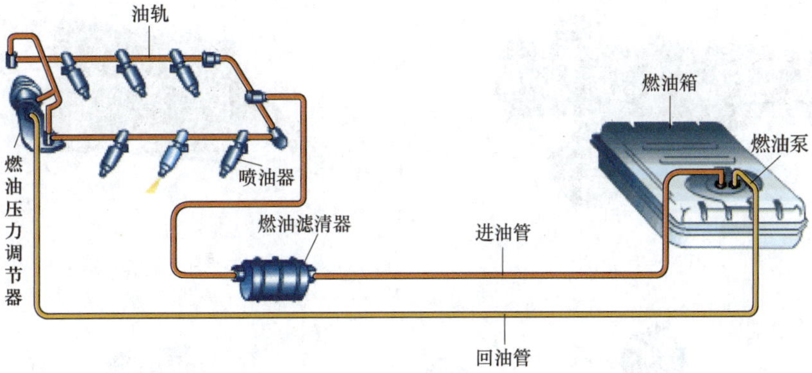

图 2-55 燃油供给装置的组成

（1）燃油泵（图 2-56）

燃油泵由泵体和电动机组成，电动机通电后产生动力带动泵体旋转，将具有一定压力的燃油送入燃油供给系统中。

（2）燃油压力调节器（图 2-57）

燃油压力调节器主要是使系统油压随进气歧管处压力的变化而变化，使系统的绝对油压和进气歧管的压力差值保持恒定，不随发动机工况的变化而变化。

（3）喷油器（图 2-58）

喷油器是电控燃油喷射系统的一个重要执行器，其主要作用是喷射燃油。

（4）燃油滤清器（图 2-59）

燃油滤清器的作用是除去汽油中的水分和杂质，使汽油能达到发动机工作的需要。

4. 电子控制装置

电子控制装置根据发动机运转状况和车辆运行状态确定汽油的最佳喷射量，其主要由传感器、电控单元（ECU）和执行元件（执行器）组成，如图 2-60 所示。

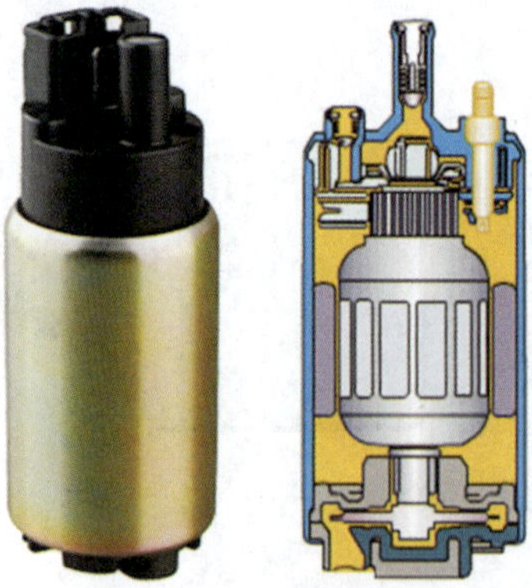

图 2-56　燃油泵

图 2-57　燃油压力调节器

图 2-58　喷油器

图 2-59　燃油滤清器

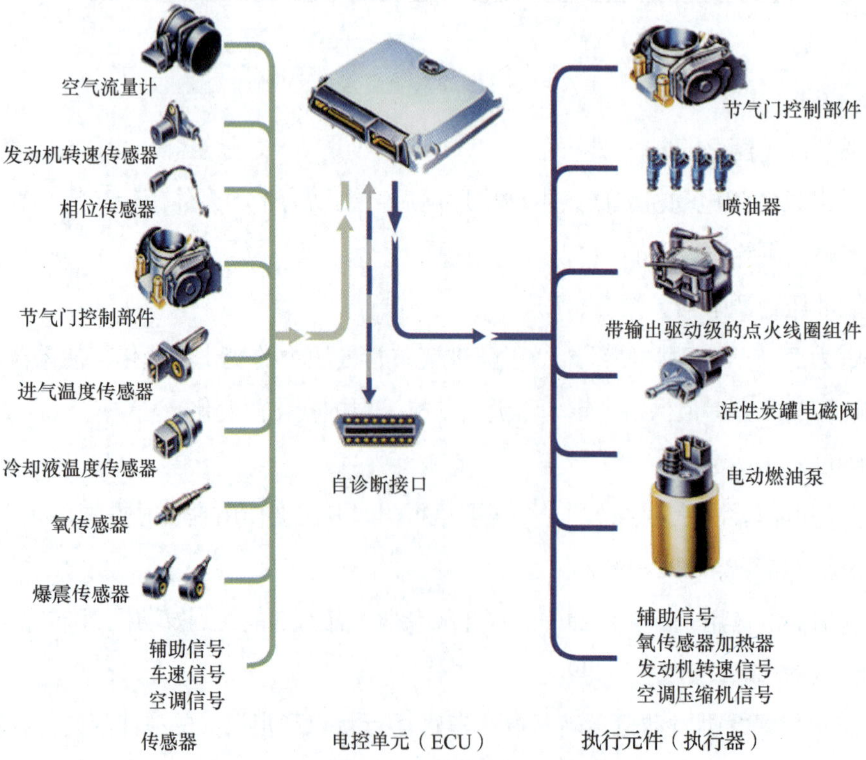

图 2-60　电子控制装置的组成

传感器用以监测发动机的实际工况，将发动机各种工况下的性能参数转变为电信号输送给电控单元（ECU）。

执行元件用以执行电控单元（ECU）输出的各种控制指令。执行器主要有电动燃油泵、喷油器、活性炭罐电磁阀、节气门控制部件、带输出驱动级的点火线圈组件等。

课题5　柴油机燃料供给系统

学习目标

1. 掌握柴油机燃料供给系统的作用。
2. 掌握柴油机燃料供给系统的组成及各零件的结构。

知识链接

柴油机燃料供给系统同样要完成柴油和空气的供给以及可燃混合气的形成、燃烧和废气的排出任务，其结构如图 2-61 所示。

图 2-61　柴油机燃料供给系统

一、柴油机燃料供给系统的组成

柴油机燃料供给系统由燃油供给装置、空气供给装置、混合气形成装置和废气排出装置四部分组成，如图 2-62 所示。

1. 燃油供给装置：柴油箱、输油泵、柴油滤清器、喷油泵、喷油器等。
2. 空气供给装置：空气滤清器、进气管道等。
3. 混合气形成装置：燃烧室。

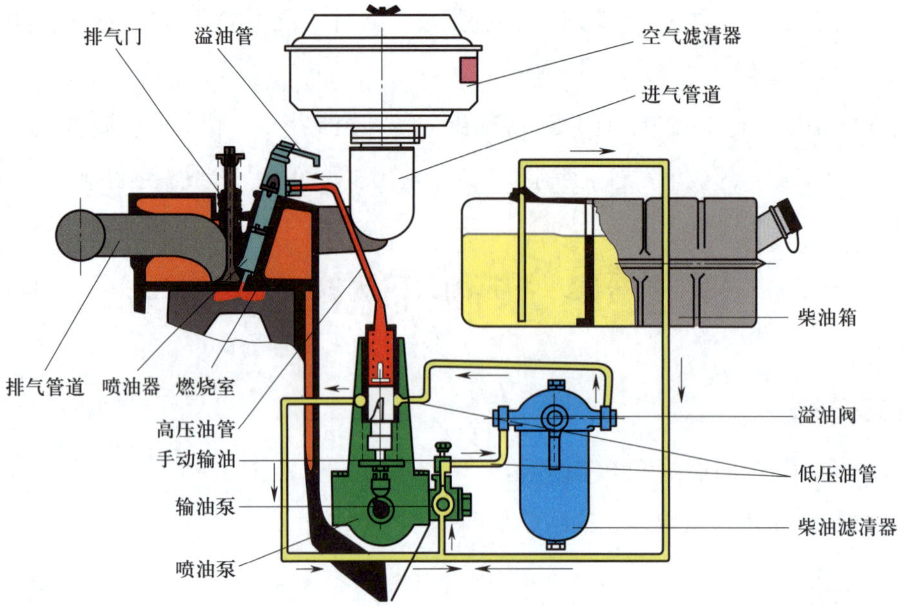

图 2-62　柴油机燃料供给系统的组成

4. 废气排出装置：排气管道、排气消声器等。

二、燃烧室的形状

柴油机可燃混合气的形成和燃烧都是直接在燃烧室内进行的。根据形状不同，燃烧室可分为 ω 型、球型、涡流室式和预燃室式，见表 2-1。

表 2-1　燃烧室的分类

类别	图示	特点
ω 形燃烧室	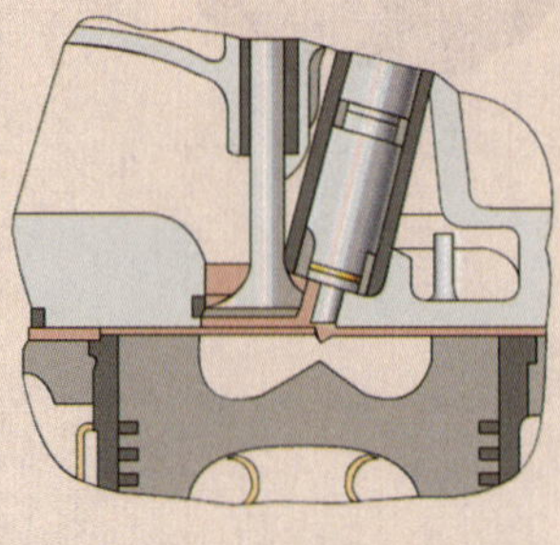	以空间雾化混合为主，喷入的柴油绝大多数分布在燃烧室的空间，极少部分喷到燃烧室壁面上形成油膜；主要依靠多孔喷雾，利用油束和燃烧室的吻合，在空间形成混合气 通常采用切向进气道或螺旋进气道，促进混合气的形成和改善燃烧状况（形成中等强度进气涡流） 采用喷油压力较高的孔式喷油器与之匹配

续表

类别	图示	特点
球形燃烧室	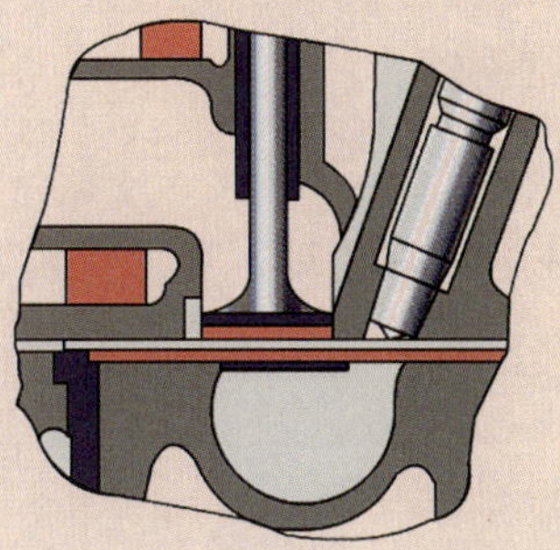	燃烧室形状大于半个球，与喷油器相对应的位置开有缺口与球面相切，柴油从这里顺着气流方向喷射到燃烧室壁面上形成油膜。混合气形成方式以油膜蒸发混合为主
涡流室式燃烧室	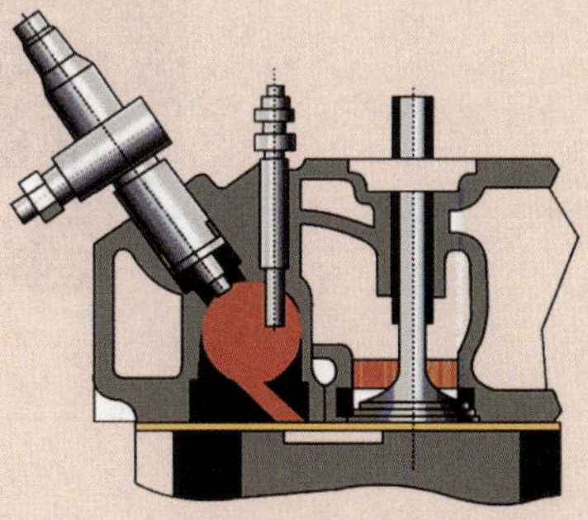	燃烧室分成两部分，球形涡流室在气缸盖内，活塞上方为主燃烧室。涡流室容积占总燃烧室容积的 50% ~ 80%，用一个或数个切向面积通道相连 喷油器和电热塞安装在涡流室内，燃油顺涡流方向喷入 主燃烧室中的导流槽或分流凹坑，使涡流室中的气流喷出时形成二次涡流，使未燃的气体进一步混合燃烧
预燃室式燃烧室	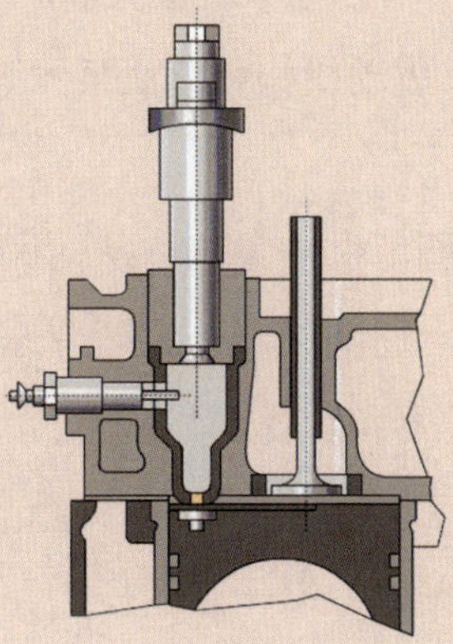	燃烧室分成两部分，喷油嘴安装在预燃室中心线附近，为便于冷起动，多装有电热塞 主燃烧室的空气量为进气量的 60% 以上，大部分燃料是在主燃烧室中混合燃烧。预燃是手段，形成燃烧涡流是目的，属于空间混合方式

三、柴油机燃料供给系统的主要零部件

1. 柴油滤清器（图 2-63）

柴油滤清器的作用是除去柴油中的尘土、水分或其他机械杂质以及由于温度变化或接触空气而从柴油中析出的少量石蜡，以降低对精密偶件的磨损，从而提高发动机功率，降低油耗。柴油滤清器可分为柴油粗滤器和细滤器。

2. 输油泵（图 2-64）

输油泵的作用是保证低压油路中柴油的正常流动，克服柴油滤清器和管路中的阻力，并以一定的压力向喷油泵输送足够量的柴油，其有活塞式、转子式、滑片式、齿轮式等，常见的为活塞式。

图 2-63 柴油滤清器

图 2-64 输油泵

3. 喷油泵

喷油泵按照发动机的工作顺序、负荷大小，定时、定量、定压地向喷油器输送高压柴油。

喷油泵已形成几个系列，有利于制造和维修，主要有柱塞式喷油泵，如 A 型（图 2-65）、B 型、P 型；转子式喷油泵，如 PDV 型泵、VE 型泵。柴油机广泛采用柱塞式喷油泵。柱塞式喷油泵由泵油机构、供油量调节机构、驱动机构和喷油泵体等部分组成。

4. 调速器（图 2-66）

调速器是根据发动机负荷变化而自动调节供油量的，从而保证发动机转速在很小的范围内变化。其按功能分，有两速调速器、全速调速器、定速调速器和综合调速器；按转速传感分，有气动式调速器、机械离心式调速器和复合式调速器。

5. 喷油器（图 2-67）

喷油器的作用是将喷油泵供给的高压柴油，以一定的压力，呈雾状喷入燃烧室。汽车柴油机广泛采用闭式喷油器。

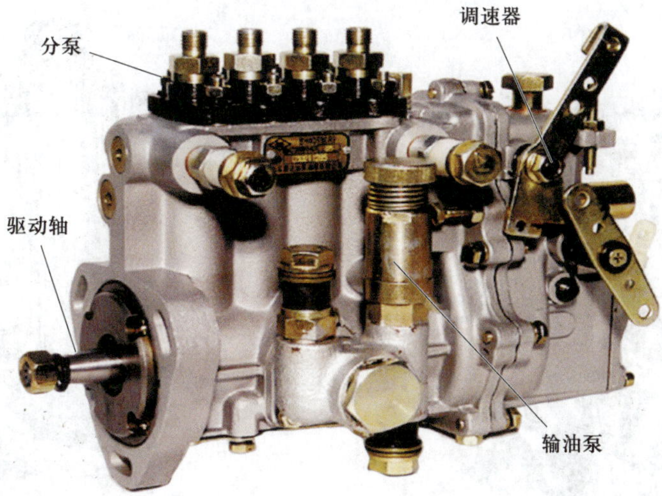

图 2-65　A 型柱塞式喷油泵

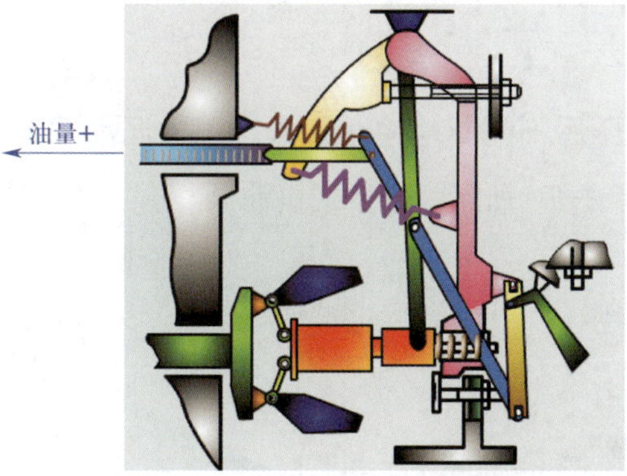

图 2-66　调速器

图 2-67　喷油器

课题6　润　滑　系

学习目标

1. 掌握润滑系的作用。
2. 掌握润滑系的组成及各零件的结构。

知识链接

润滑系（图 2-68）具有润滑、清洗、冷却、密封和防锈蚀作用。润滑方式有压力润滑、飞溅润滑和定期润滑三种。

润滑系主要由集滤器、机油泵、机油滤清器、限压阀、旁通阀、机油压力传感器和主油道等组成，如图 2-69 所示。

图 2-68　润滑系

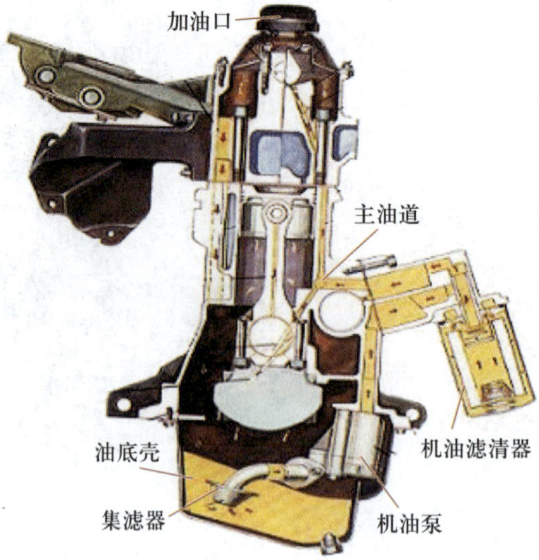

图 2-69　润滑系的组成

一、机油泵

机油泵将润滑油从油底壳中吸出，加压后不间断地输送到进行压力润滑的工作表面。机油泵分齿轮式机油泵和转子式机油泵。图 2-70 所示为转子式机油泵。

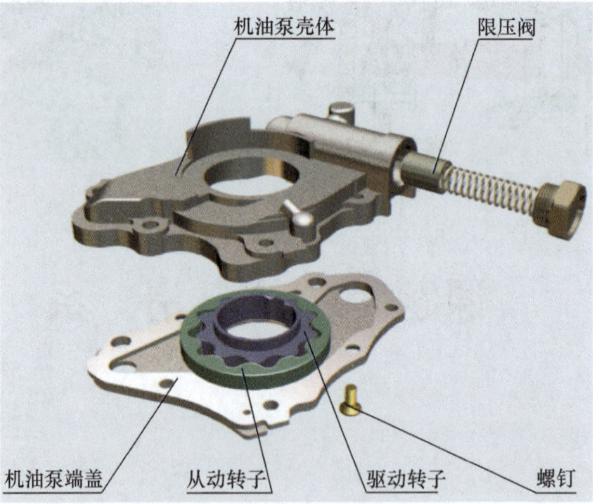

图 2-70　转子式机油泵

二、机油滤清器

为了保证滤清效果，一般使用多级滤清器：粗滤器和细滤器。与主油道串联的滤清器一般为粗滤器；与主油道并联的滤清器一般为细滤器，过油量为 10% ~ 30%。机油滤清器主要由滤化器、安全阀、内铁网、板式弹簧、单向阀胶圈等组成，如图 2-71 所示。

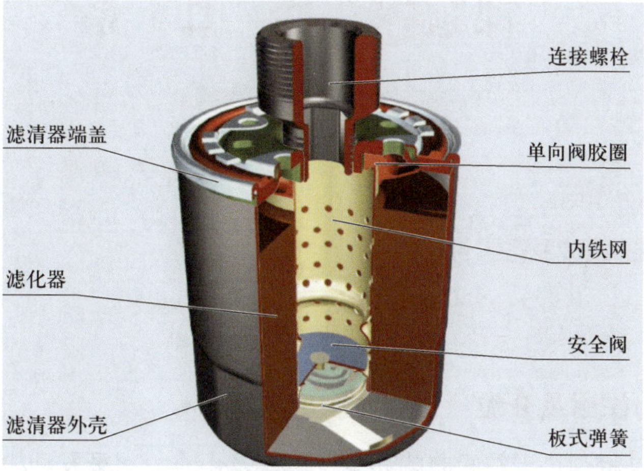

图 2-71 机油滤清器的组成

三、集滤器

汽车润滑系的集滤器一般是滤网式，装在机油泵的前面，防止粒度大的杂质进入机油泵。汽车发动机所用的集滤器分为浮式集滤器和固定式集滤器两种，图 2-72 所示为固定式集滤器。

四、机油压力传感器（图 2-73）

机油压力传感器的作用是检测机油压力，在压力不够的情况下发出报警信号。机油压力不够时，仪表盘上的指示灯会点亮。

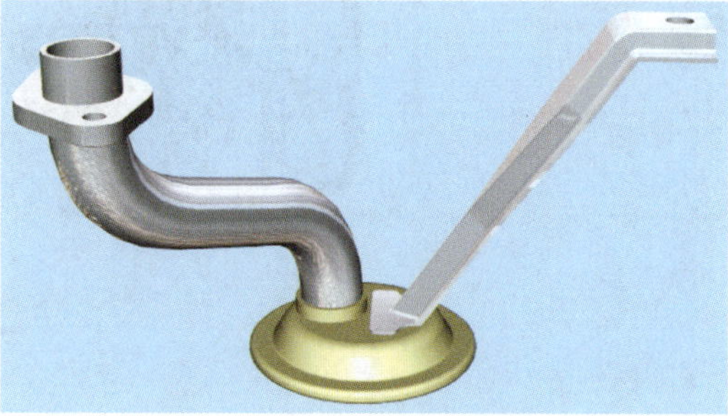

图 2-72 固定式集滤器

图 2-73 机油压力传感器

课题7 冷 却 系

学习目标

1. 掌握冷却系的作用。
2. 认识冷却系的组成及各零件的结构。

知识链接

一、冷却系的作用及分类

冷却系的作用是将受热零件吸收的热量及时散发出去，保证发动机在最适宜的温度状态下工作。

冷却系分水冷和风冷，如图 2-74 所示。水冷广泛用于汽车发动机，风冷仅用于小排量及军车发动机。

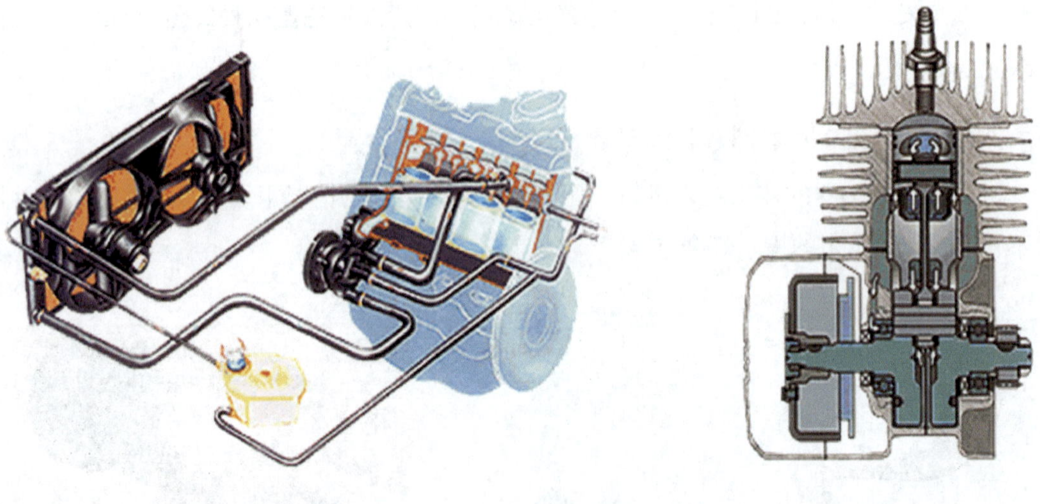

a)　　b)

图 2-74　冷却系

a）水冷　b）风冷

二、水冷系的组成

水冷系是以冷却液作为冷却介质，把发动机受热零件吸收的热量散发到大气中去。汽车发动机上采用的水冷系大都是强制循环式水冷系，利用水泵使冷却液在冷却系中循环流动。

水冷系由散热器、水泵、散热风扇、冷却水管和温度调节装置等组成，如图 2-75 所示。

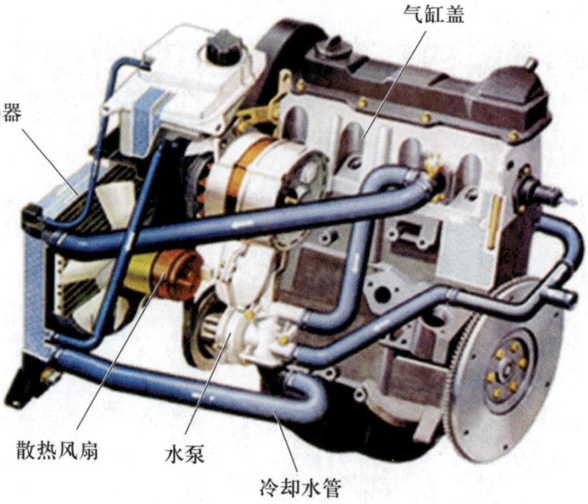

图 2-75　水冷系的组成

三、冷却系主要零部件

冷却系主要零部件见表 2-2。

表 2-2　冷却系主要零部件

零部件	图示	组成及作用
散热器		散热器又称水箱，由上水室、散热器芯和下水室等组成，安装在发动机前的车架横梁上。其作用是将冷却液在水管中所吸收的热量散发至外界大气，使冷却液温度下降
水泵	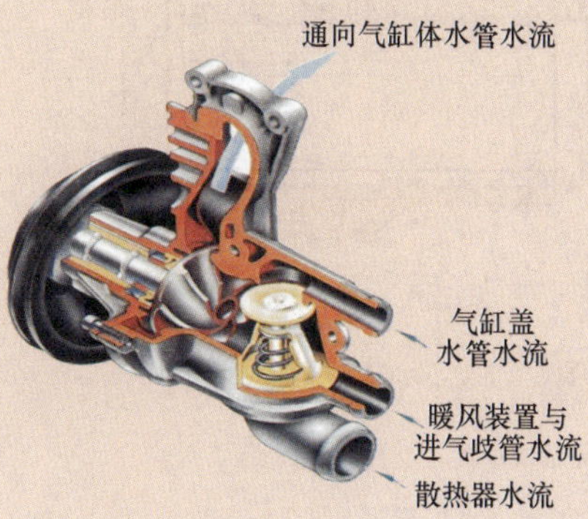	用来对冷却液加压，使冷却液在冷却系中循环流动。汽车上广泛使用离心式水泵。离心式水泵由壳体、叶轮、水泵轴、泵盖板、节温器等组成

续表

零部件	图示	组成及作用
散热风扇		用来提高流经散热器的空气流速和风量，增强散热器的散热能力。汽车上常用的散热风扇为轴流式风扇
节温器		节温器的作用是根据发动机负荷大小和冷却液温度的高低自动改变冷却液的循环流动路线，从而控制通过散热器冷却液的流量。多数发动机采用蜡式节温器。蜡式节温器由上支架、下支架、主阀门、副阀门、阀座、感应体等组成

四、冷却线路

冷却液在冷却系内的循环流动路线有两条：一条为大循环，另一条为小循环，如图 2-76 所示。大循环是冷却液温度高时，冷却液经过散热器而进行的循环流动；小循环是冷却液温度低时，冷却液不经过散热器而进行的循环流动，从而使冷却液温度尽快升高。

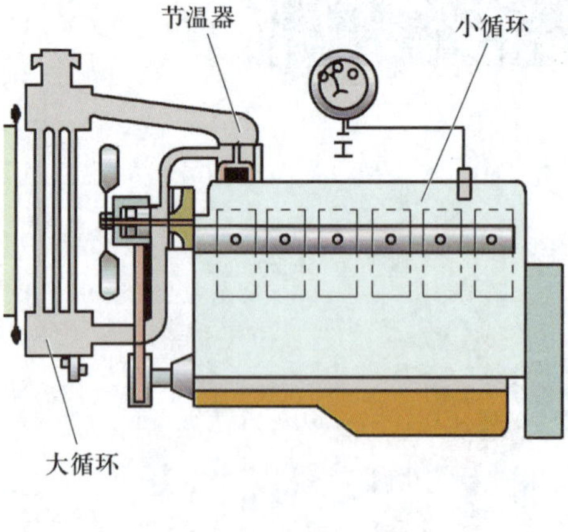

图 2-76　冷却线路

单元三 汽车电驱系统

汽车电驱系统是汽车的动力源泉，为汽车提供部分或者全部的动力，电驱系统的布置方式根据电动汽车或者混合动力汽车的类型不同而有所差异。电驱系统的作用是把电能转化成机械能或者回收机械能转化成电能储存。

课题1 汽车电驱系统的组成

学习目标

1. 认识汽车电驱系统的组成。
2. 掌握汽车电驱系统各部分的作用。

知识链接

如图 3-1 所示，汽车电驱系统的组成包括动力电池、驱动电机、电控系统等。根据采取的驱动方案不同，有部分保留了发动机，有部分没有发动机采用纯电能驱动。

一、驱动电机（图 3-2）

驱动电机是汽车电驱系统三大核心部件之一，是车辆行驶的主要执行机构，其特性决定了车辆的主要性能指标，直接影响车辆的动力性、经济性和舒适性。电动汽车一般采用

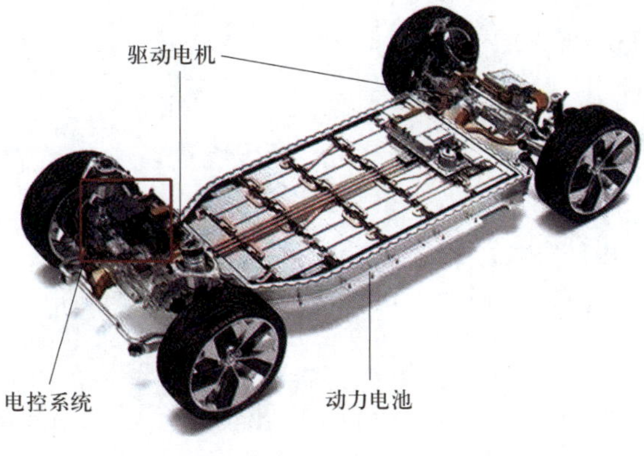

图 3-1 汽车电驱系统的组成示意图

图 3-2 驱动电机

三相交流同步电机。

二、动力电池

在汽车电驱系统中提供动力源的装置称为动力电池，如图 3-3 所示。动力电池的作用是接收和储存由车载充电器、发电机、制动能量回收装置或外置充电装置提供的高压直流电，并且为电动汽车提供高压直流电。动力电池是汽车电驱系统的核心部件之一，价格相对较高，其性能直接决定了车辆的实际价值。

三、电控系统（图 3-4）

电控系统是新能源汽车的核心，负责在整车行驶过程中接收来自驾驶员的各项操作指令并诊断、分析整车及部件状态，向各个部件控制器发送控制指令，使整车按照驾驶员的预期安全行驶。电控系统的主要功能有工况识别、整车能量管理、制动能量回收控制、电机转矩控制、电动辅助部件控制（电动助力转向、电动空调、电动暖风、电动真空泵）、故障诊断、系统安全监控等。

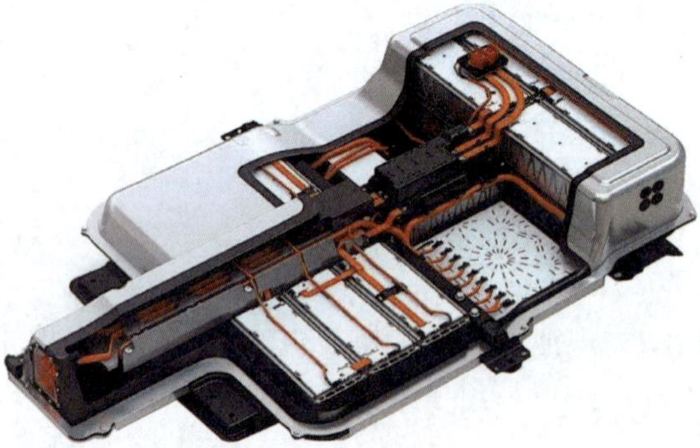

图 3-3　动力电池

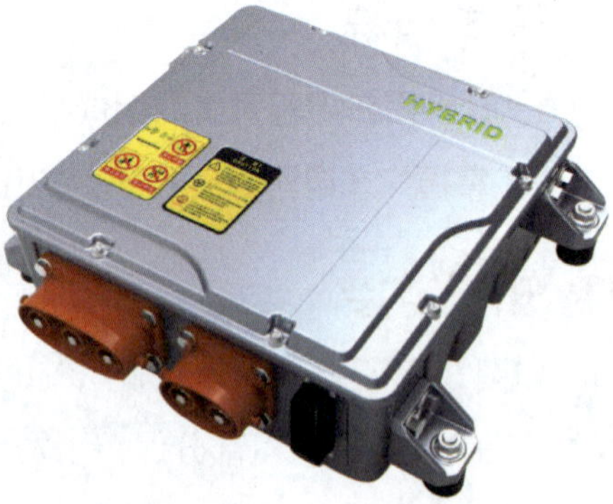

图 3-4　电控系统

课题2　混合动力汽车的动力系统

学习目标

1. 了解混合动力汽车。
2. 认识混合动力汽车的分类。
3. 掌握不同类型混合动力汽车的特点。

知识链接

混合动力汽车是指车辆驱动系统由两个或多个能同时运转的单个驱动系统联合组成的车辆，车辆的行驶功能依据实际的车辆行驶状态由各个驱动系统单独或共同提供。

通常所说的混合动力汽车，一般是指油电混合动力汽车，即采用传统的内燃机（柴油机或汽油机）和电动机作为动力源，也有的发动机经过改造使用其他替代燃料，如压缩天然气、丙烷和乙醇燃料等。

一、普通油电混合动力汽车

普通油电混合动力汽车一般指由燃油和电池提供能源，燃油发动机和电动机共同提供动力的车辆，其主要由发动机、发电机、蓄电池、逆变器、电动机、行星齿轮机构等组成，如图 3-5 所示。这种车型的电池容量较小，不提供充电接口，电池通过回收汽车运行过程中的能量进行充电；其电动机功率也不大，在起步和加速等场景时，电动机会辅助燃油发动机提供动力，可有效弥补发动机低转速扭矩力不足的弱点，在起步和加速过程中的整体效率得到提升，使车辆整体油耗显著下降。

二、插电式混合动力汽车

插电式混合动力汽车相比普通油电混合动力汽车多了充电插口，由电池和燃油提供能量。插电式混合动力汽车由汽油发电机、锂离子电池、驱动电机、充电接口等组成，如图 3-6 所示。不同汽车厂商在插电式混合动力汽车上对于电池的容量、电动机的数量、电动机的功率配置有较大差异，也形成了不同的整车风格和特点。这类车型可以通过驱动电机、燃油机的介入算法形成多种驱动组合，比如纯电动模式、纯燃油机模式、电动机加燃油机混合模式等。另外，插电式混合动力汽车在电量充足时，可以以纯电动方式行驶，节能减排还能降低用车成本；在电量不足时，以燃油提供动力，远行也无忧。

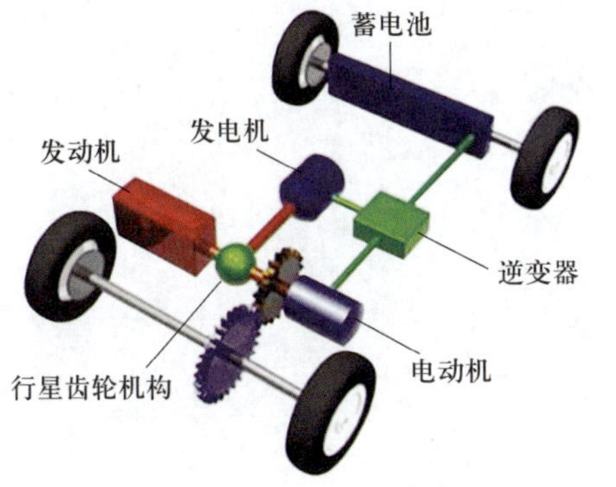

图 3-5 普通油电混合动力汽车组成示意图

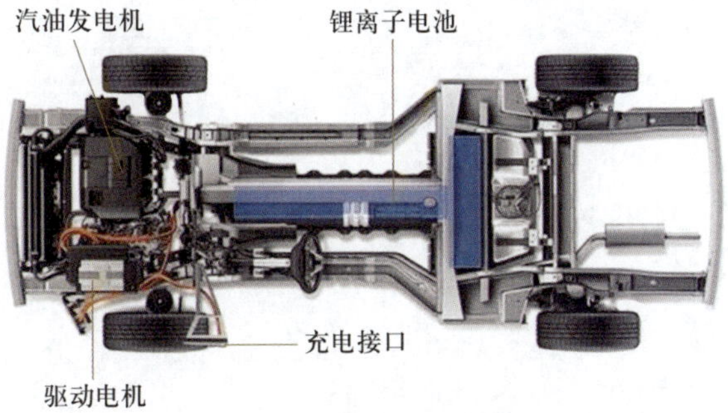

图 3-6 插电式混合动力汽车组成示意图

三、增程式混合动力汽车

增程式混合动力汽车是用发电机发电，用电动机驱动的车辆，其主要由内燃机、发动机、蓄电池、电动机、驱动轮等组成，如图 3-7 所示。当电池组电量充足时，采用纯电动模式行驶；当电量不足时，发动机启动，带动发电机为动力电池充电，提供电动机运行的电力（即增程模式）。由于具有插混的外接充电优势，增程式混合动力汽车的纯电动续航里程也较长。

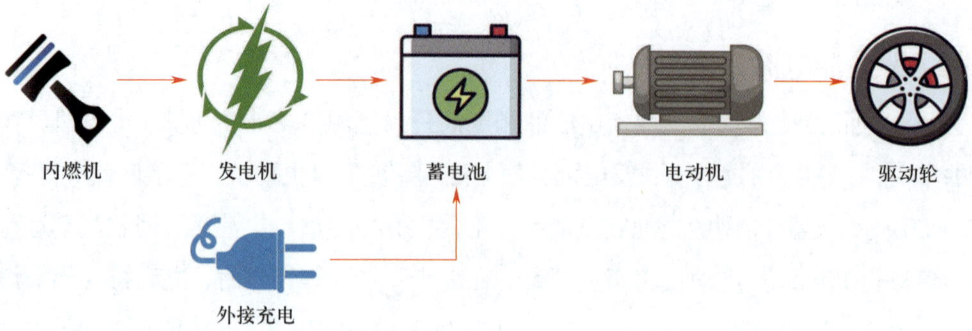

图 3–7　增程式混合动力汽车组成示意图

单元四
汽车传动系

如图 4-1 所示，汽车传动系的作用是将发动机发出的动力传给汽车的驱动车轮，产生驱动力，使汽车能以一定速度行驶。汽车传动系分为机械式传动系统和液力机械式传动系统。

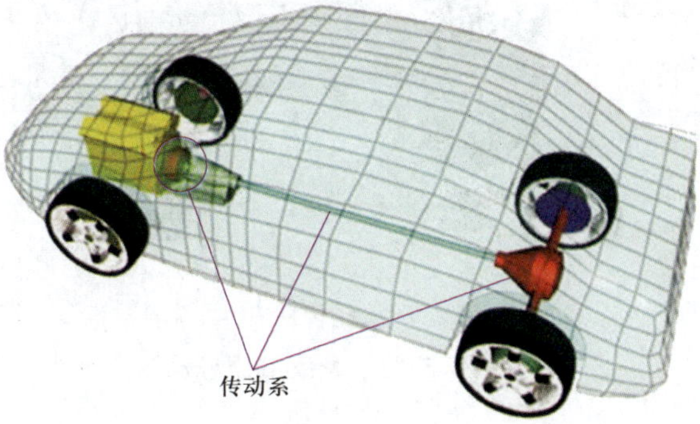

图 4-1　传动系

课题1　传动系概述

学习目标

1. 掌握传动系的组成
2. 掌握传动系的布置形式。

知识链接

一、传动系的组成

如图 4-2 所示，机械式传动系统主要由离合器、变速器、万向传动装置和驱动桥组成。其中，万向传动装置由万向节和传动轴组成，驱动桥由主减速器、差速器和半轴等组成。

如图 4-3 所示，液力机械式传动系统主要由液力变矩器、自动变速器、万向传动装置和驱动桥组成。

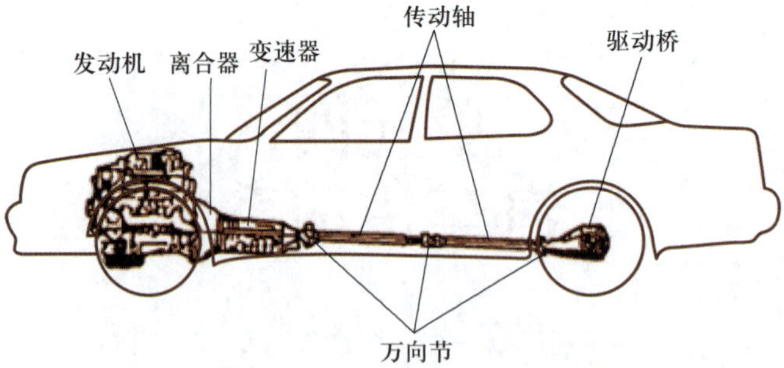

图 4-2　机械式传动系统的组成及布置示意图

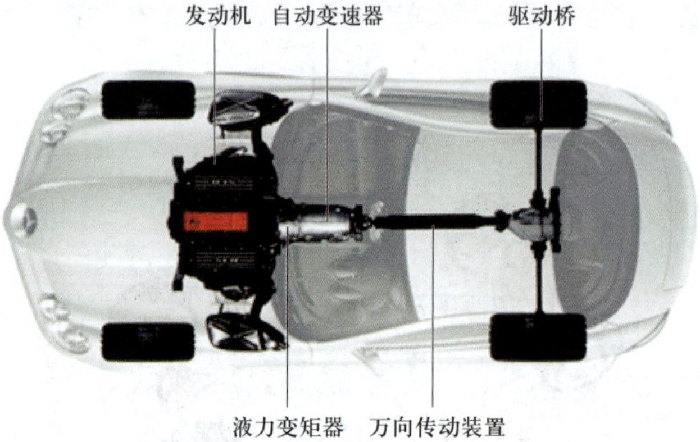

图 4-3　液力机械式传动系统的组成及布置示意图

二、传动系的布置形式

传动系的布置形式见表 4-1。

表 4-1　传动系的布置形式

布置形式	图示	特点
发动机前置、后轮驱动		前车轮负责转向，后车轮承担整个车辆的驱动工作。发动机输出的动力全部输送到后驱动桥上，驱动后轮使汽车前进

续表

布置形式	图示	特点
发动机前置、前轮驱动		这种形式操纵机构简单、发动机散热条件好，大多数轿车采取这种布置形式
发动机后置、后轮驱动		发动机后置，使前轴不易过载，并能充分地利用车厢面积，还可有效地降低车身底板的高度或充分利用汽车中部底板下的空间安置行李，也利于减轻发动机的高温和噪声对驾驶员的影响。主要应用于大型客车
四轮驱动		汽车前、后轮都有动力，可按行驶路面状态不同而将发动机输出转矩按不同比例分配在前、后所有的轮子上，以提高汽车的行驶能力。一般用 4×4 或 4WD 来表示

课题2 离 合 器

学习目标

1. 认识离合器的作用及组成。
2. 认识离合器的类型。
3. 认识离合器的操纵类型。

知识链接

离合器是汽车传动系中一个重要的部件，主要用来结合或切断动力的传递，以满足汽车在起步、行驶、制动等情况时的需要，其安装在发动机的后面，主动部分与飞轮相连，从动部分与变速器相连，由驾驶员通过脚踩踏板来操纵，如图 4-4 所示。

图 4-4 离合器的安装位置

一、离合器的分类

常用的离合器有周布螺旋弹簧离合器和膜片弹簧离合器，如图 4-5 所示，膜片弹簧离合器广泛应用于轿车及中小型汽车上。

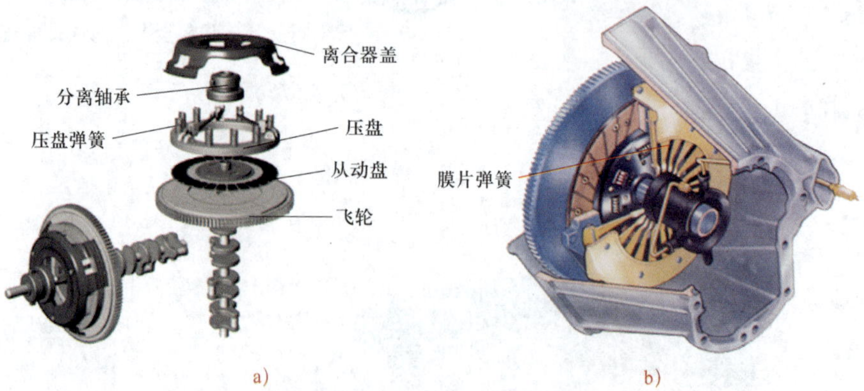

图 4-5 离合器的分类
a）周布螺旋弹簧离合器 b）膜片弹簧离合器

二、膜片弹簧离合器的组成

离合器主要由主动部分、从动部分、压紧机构和操纵机构等部分组成。图 4-6 所示为膜片弹簧离合器的组成。

1. 主动部分

离合器的主动部分包括飞轮、离合器盖、压盘等，如图 4-7 所示，它们与发动机曲轴连在一起，并始终与曲轴一起转动。

2. 从动部分

如图 4-8 所示，离合器的从动部分由减振弹簧、从动盘本体、从动盘毂、波形弹簧片、摩擦片等组成。

3. 压紧机构

离合器的压紧机构主要是螺旋弹簧或膜片弹簧，如图 4-9 所示，以离合器盖为依托，将压盘压向飞轮，从而将从动盘压紧。

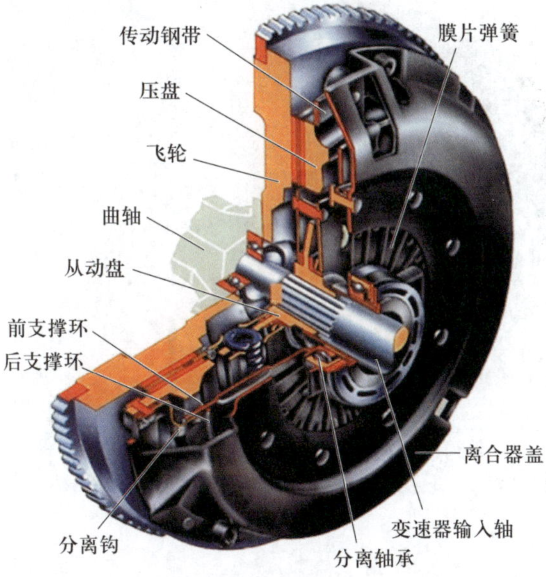

图 4-6 膜片弹簧离合器的组成

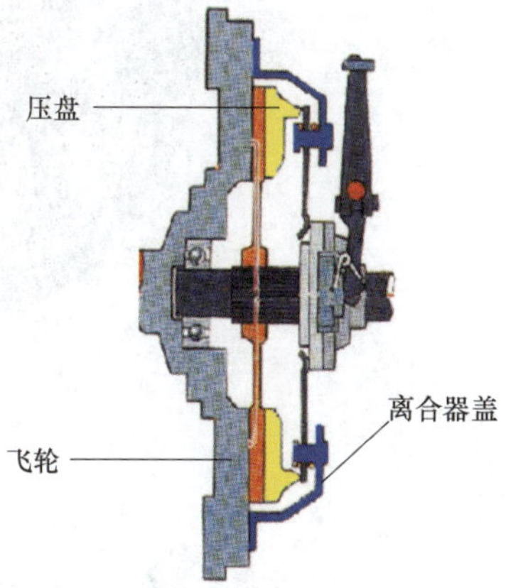

图 4-7 离合器的主动部分

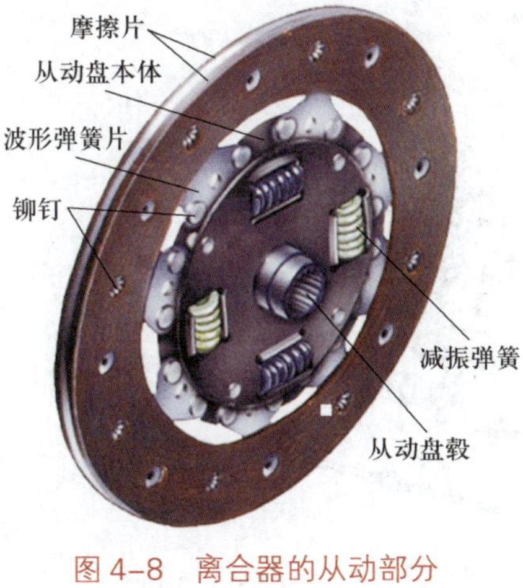

图 4-8 离合器的从动部分

图 4-9 离合器的压紧机构

4. 操纵机构

离合器的操纵机构主要有机械绳索式和液压式两种。

（1）机械绳索式操纵机构

如图 4-10 所示，机械绳索式操纵机构主要由绳索、传动臂、分离轴、回位弹簧、分离轴承等组成，绳索的一端连于踏板组件，绳索的另一端连于离合器分离叉的外端，此端上有螺纹，配有调整螺母和锁定螺母，可实现踏板的自由行程调整。

（2）液压式操纵机构

液压式操纵机构主要由离合器总泵、液压管路和离合器分泵等组成，如图 4-11 所示。

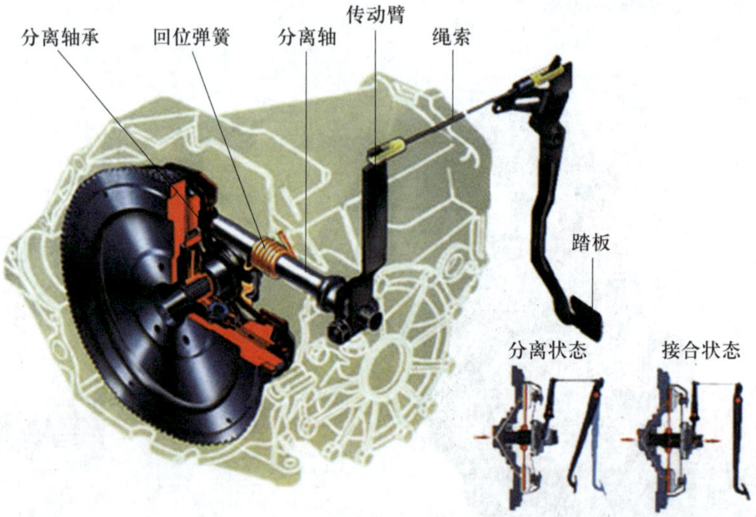

图 4-10　机械绳索式操纵机构

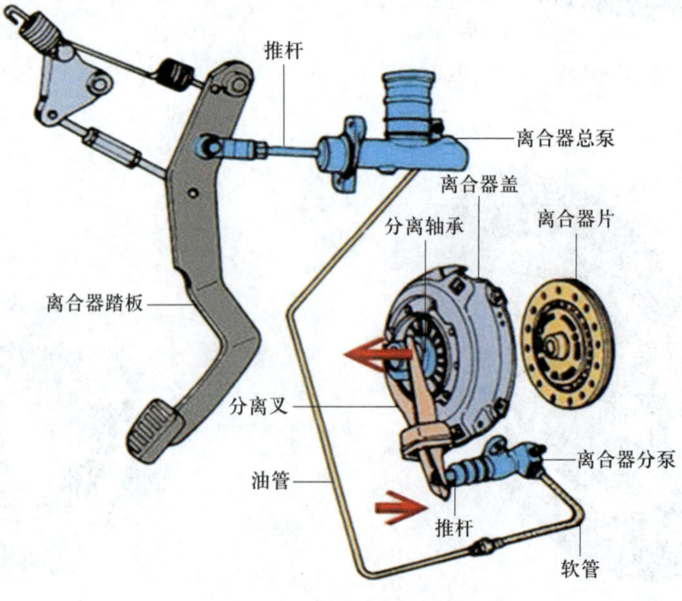

图 4-11　液压式操纵机构

图 4-12 所示为液压式操纵机构工作原理图，踩下离合器踏板时，活塞左移，在压缩锥形回位弹簧的同时放松了阀杆，锥形回位弹簧使杆端密封圈阀门压紧在主缸的前端，密封了离合器总泵与储液罐之间的通孔，继续踩下离合器踏板，则缸内油液就在活塞及密封圈的作用下压力上升，并通过管路输向离合器分泵。离合器分泵内压力升高，推动活塞和推杆移动，使分离叉工作。

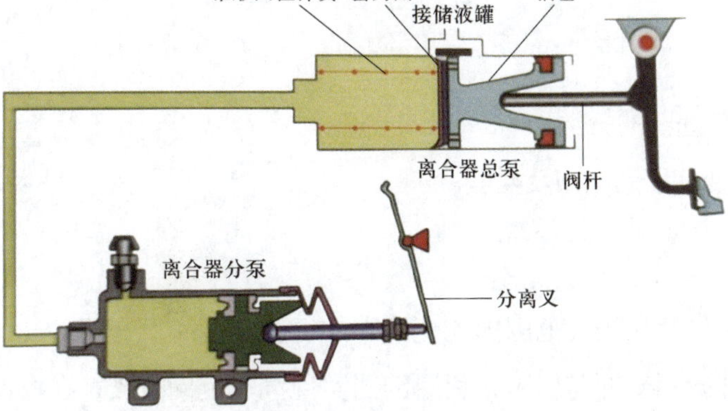

图 4-12　液压式操纵机构工作原理图

当抬起离合器踏板时，锥形回位弹簧的一端使离合器总泵活塞后移，另一端使前弹簧座压在离合器总泵泵体的前端，活塞后移到位时，通过后弹簧座拉动阀杆及杆端密封圈阀门，压缩锥形回位弹簧，打开储液罐与离合器总泵的通孔，并通过前弹簧座径向和轴向槽，使管路与离合器分泵相通，整个系统无压力。

三、离合器的工作原理

如图 4-13 所示，离合器盖通过螺栓固定在发动机飞轮上，膜片弹簧通过压盘将从动盘紧压在发动机飞轮上，从动盘的键槽套在变速器的输入轴上。当发动机旋转时，带动离合器盖和压盘旋转，通过从动盘和飞轮间产生的摩擦力带动从动盘旋转，将动力传给变速器。

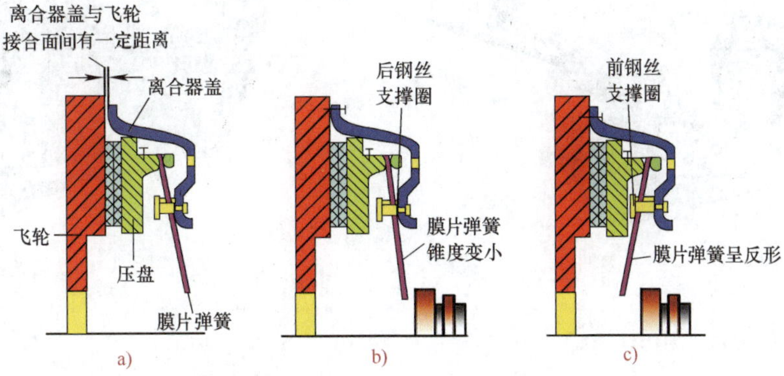

图 4-13　离合器的工作原理

a）自由状态　b）接合状态　c）分离状态

分离杠杆装在离合器盖和压盘上，当踩下离合器踏板时，通过分离叉、分离套筒和分离轴承推动分离杠杆，分离杠杆将压盘向后移动，压在从动盘上的压力消失，离合器从动盘和飞轮间的摩擦力消失，动力中止传递。

课题3 手动变速器

学习目标

1. 了解手动变速器的分类。
2. 认识手动变速器的结构及类型。

知识链接

变速器的作用包括在较大范围内改变汽车的行驶速度和汽车驱动轮上的转矩数值；在汽车发动机旋转方向不变的前提下，利用倒挡实现汽车倒向行驶；在发动机不熄火的情况下，利用空挡中断动力传递，可以使驾驶员松开离合器踏板离开驾驶位置，且便于汽车起动、怠速、换挡和动力输出。变速器在汽车中的位置如图 4-14 所示。

一、手动变速器概述

如图 4-15 所示，手动变速器（Manual Transmission，MT），即必须用手拨动变速操纵杆才能改变变速器内的齿轮啮合位置，改变传动比，从而达到变速的目的。手动变速器在操纵时必须踩下离合器，才能拨动变速杆。一般来说，手动变速的汽车在加速、超车时比自动变速车快，也省油。

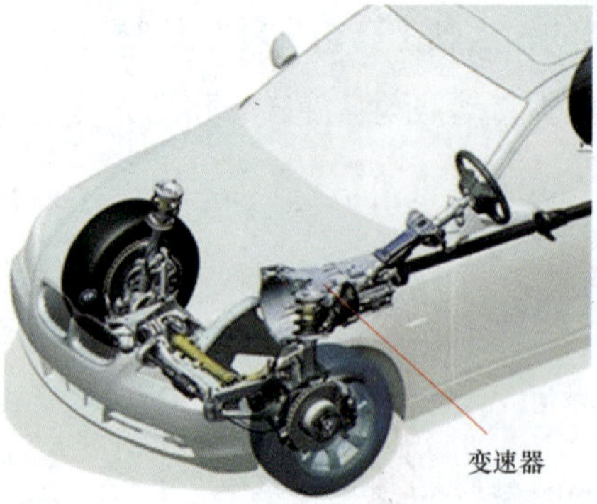

图 4-14　变速器

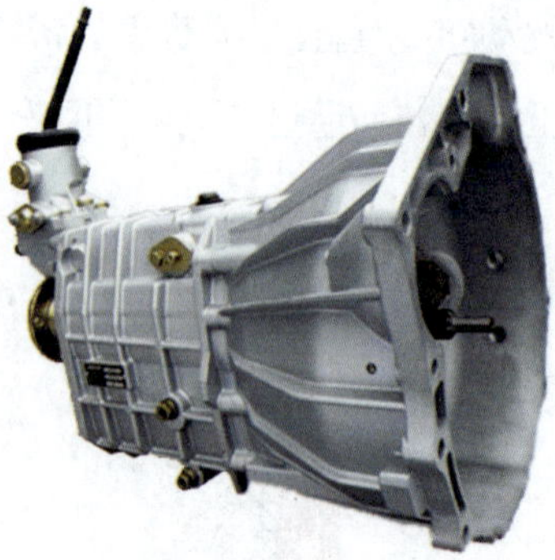
图 4-15　手动变速器

二、手动变速器的组成

手动变速器由变速传动机构和变速操纵机构组成，分为二轴式手动变速器和三轴式手动变速器两种。

1. 变速传动机构

(1) 二轴式手动变速器（图 4-16）

1) 应用：适用于发动机前置前轮驱动、发动机后置后轮驱动的汽车。

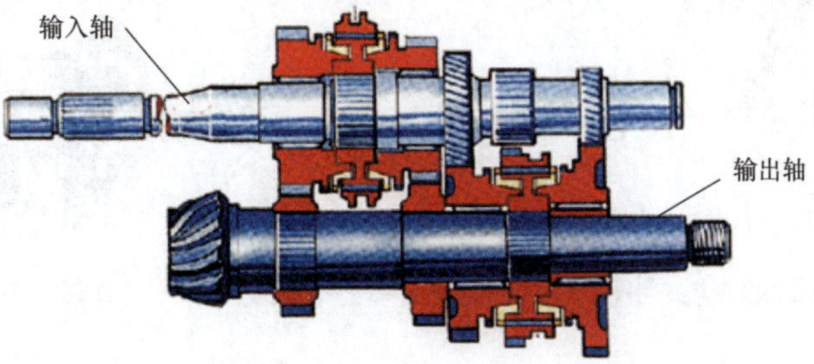

图 4-16　二轴式手动变速器

2) 特点：输入轴与输出轴平行，无中间轴。

(2) 三轴式手动变速器（图 4-17）

1) 应用：适用于发动机前置后轮驱动的汽车，多用于轿车以外的各种车型。

2) 结构：第一轴为输入轴，第二轴为输出轴，第三轴为中间轴。

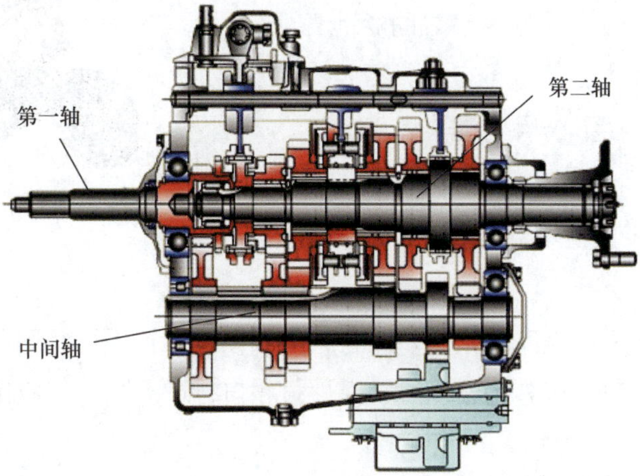

图 4-17　三轴式手动变速器

2. 变速操纵机构

变速操纵机构主要由变速操纵杆、拨叉、拨叉轴、换挡轴、锁止装置和变速器盖等组成，如图 4-18 所示。驾驶员直接操纵变速操纵杆来改变齿轮副的啮合，以获得不同的传动比。根据变速操纵杆与变速器的相对位置的不同，可分为直接操纵式和远距离操纵式两种类型。

(1) 直接操纵式变速操纵机构（图 4-19）

一般常用于前置发动机后轮驱动的汽车上，变速器距离驾驶员座位较近，变速操纵杆等外操纵机构多集中安装在变速器盖上，结构简单、操纵容易且准确。

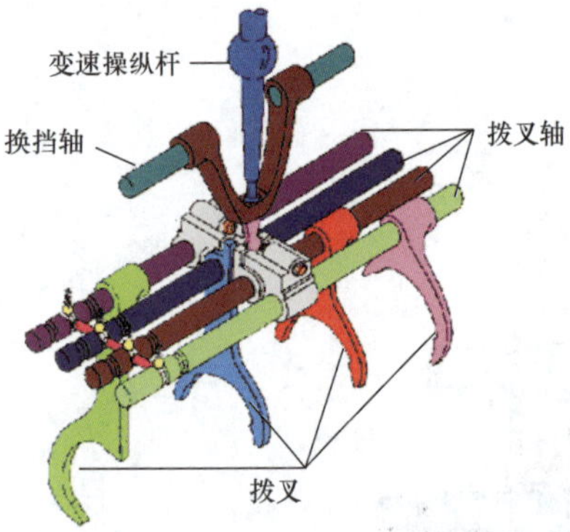

图 4-18 变速操纵机构的组成

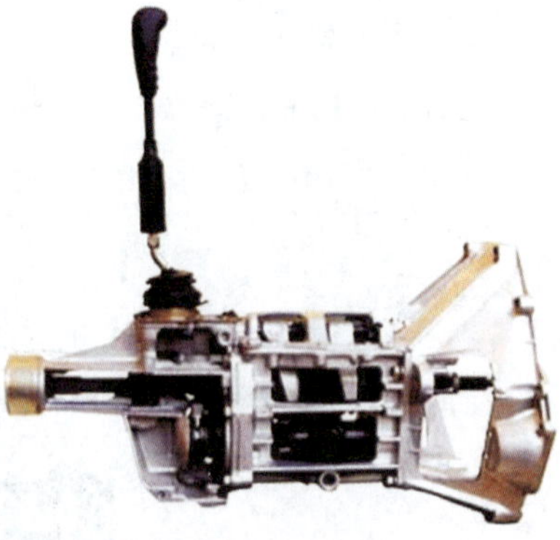
图 4-19 直接操纵式变速操纵机构

（2）远距离操纵式变速操纵机构（图 4-20）

一般常用于发动机后置或前轮驱动的汽车上，通常汽车变速器距离驾驶员座位较远，变速操纵杆和变速器之间需要用连杆机构连接，进行远距离操纵。

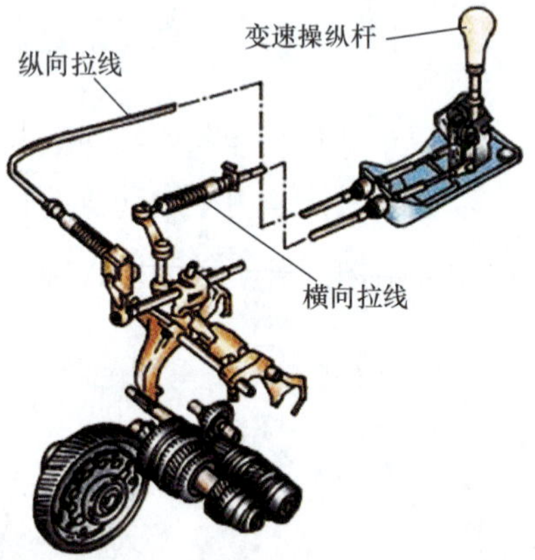

图 4-20 远距离操纵式变速操纵机构

3. 同步器

（1）同步器的作用

1）使接合套与待接合齿圈两者之间能迅速同步。

2）阻止齿轮在同步之前啮合。

3）防止接合齿圈之间产生冲击。

4）缩短换挡时间，迅速完成换挡操作。

5）延长变速齿轮的使用寿命。

（2）组成及分类

大部分同步器几乎都是摩擦式同步装置，但其锁止装置不同，因此，工作原理也有所不同。同步器按工作原理可分为常压式、惯性式和自行增力式等。应用广泛的是惯性式同步器。

惯性式同步器按结构又分为锁环式（图 4-21a）和锁销式（图 4-21b）两种。

a)　　b)

图 4-21 惯性式同步器

a）锁环式同步器　b）锁销式同步器

课题4 自动变速器

学习目标

1. 了解自动变速器的分类。
2. 掌握自动变速器的类型。
3. 了解自动变速器的基本组成。

知识链接

一、自动变速器的特点

1. 汽车起步更加平稳。
2. 使汽车能以很低的速度稳定行驶。
3. 可自动适应道路阻力的变化。
4. 便于实现自动换挡，减轻驾驶员体力消耗。
5. 采用液力元件，消除了动力传动的动载荷，另外，避免了换挡过程中产生的冲击。
6. 结构复杂，制造精度和成本高。
7. 传动效率较手动变速器低。

二、自动变速器的类型

1. 液力自动变速器（图 4-22）

液力自动变速器（Automatic Transmission，AT）通过液力传动和行星齿轮组合的方式来实现自动变速，其一般由液力变矩器、行星齿轮机构、换挡执行机构、换挡控制系统、换挡操纵机构等组成。

液力自动变速器的优点是不用离合器换挡，挡位少，连接平稳，操作容易，使用液力自动变速器的汽车乘坐舒适；缺点是对速度变化反应较慢，燃油消耗量大，传动效率低，变矩范围有限，结构复杂，且修理困难。在液力变矩器内，高速循环流动的液压油会产生高温，因此要用指定的耐高温液压油。

2. 电控机械式自动变速器（图 4-23）

从机械结构上看，电控机械式自动变速器（Automated Mechanical Transmission，AMT）和普通机械式自动变速器一样，区别是电控机械式自动变速器加装了电子控制系统，操作离合器和换挡动作均由电子控制系统来完成。

电控机械式自动变速器的优点是性价比高、节能环保，其技术难度也相对较低，由于

图 4-22　液力自动变速器

图 4-23　电控机械式自动变速器

其实质上还是手动变速器，电控机械式自动变速器在省油方面也延续了手动变速器的优势；缺点是使用电控机械式自动变速器的车辆在行车过程中因挡位变化引起的顿挫感较强，乘坐舒适性较差，换挡过程中有可能出现动力中断现象。

3. 双离合变速器（图 4-24）

图 4-24　双离合变速器

双离合变速器（Dual Clutch Transmission，DCT）有两组离合器，其起源于赛车运动，最早应用在部分赛车上。

双离合自动变速器是在手动变速器的基础之上，与手动变速器不同的是双离合变速器中的两幅离合器与两根输入轴相连，换挡和离合操作都是通过集成电子元件和液压元件的机械电子模块来实现的，而不再通过操作离合器踏板实现。驾驶员可以手动换挡或将变速操纵杆处于全自动 D 挡（舒适型，在发动机低速运行时换挡）或 S 挡（任务型，在发动机高速运行时换挡）模式。

4. 无级变速器（图 4-25）

无级变速器（Continuously Variable Transmission，CVT）没有具体的挡位，操作上类似自动变速器，但是速度比的变化却不同于自动变速器的跳挡过程，无级变速器的速度比变化是连续的，因此动力传输持续而顺畅。

在无级变速器传动系统里，传统的齿轮被一对滑轮和一只钢制带轮所取代，每个滑轮其实是由两个锥形盘组成的 V 形结构，主动轴连接小滑轮，透过钢制带轮带动大滑轮。无级变速器的传动滑轮构造特殊，分成活动的左右两半，可以相对接近或分离。锥形盘可在液压的推力作用下收紧或张开，挤压钢片链条以此来调节 V 形槽的宽度。当锥形盘向内侧

图 4-25　无级变速器

移动收紧时，钢片链条在锥形盘的挤压下向圆心以外的方向（离心方向）运动，相反会向圆心以内的方向运动。这样，钢片链条带动的圆盘直径增大，传动比也就发生了变化。

三、自动变速器的组成

自动变速器的种类很多，外部形状和内部结构也不同，但它们的组成基本相同，主要由液力变矩器、齿轮变速器、油泵、阀体、自动变速器壳体等组成，如图 4-26 所示。

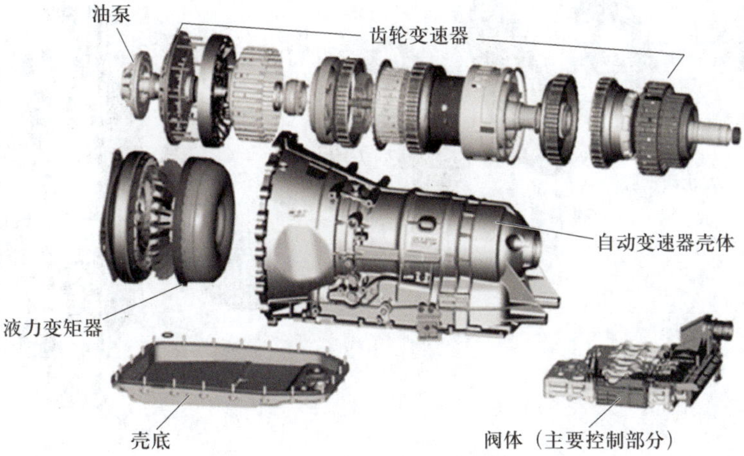

图 4-26　自动变速器的组成

四、自动变速器主要零部件

1. 液力变矩器（图 4-27）

液力变矩器的作用是使发动机产生的转矩成倍增长；起到自动离合器的作用，传送发动机转矩至变速器；缓冲发动机及传动系统的扭转振动；兼起到飞轮的作用，使发动机转动平稳；还可驱动液压控制系统的油泵。

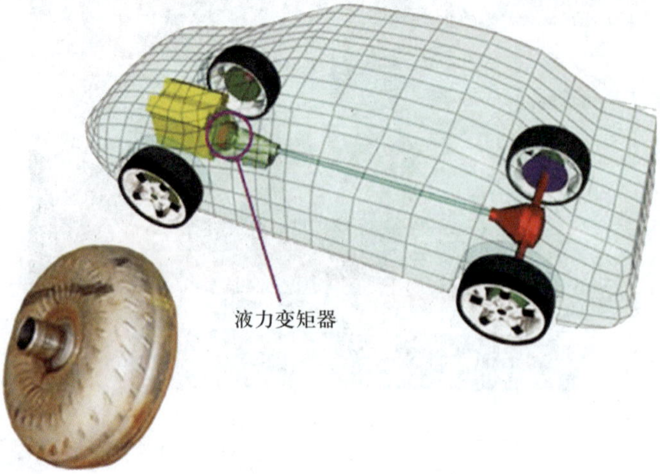

图 4-27　液力变矩器

液力变矩器由泵轮、涡轮、导轮、推力轴承、减振器、锁止离合器片和壳体等组成，如图 4-28 所示。液力变矩器的壳体通过螺栓固定到发动机的飞轮上，这样液力变矩器的转速将始终等于发动机的转速。

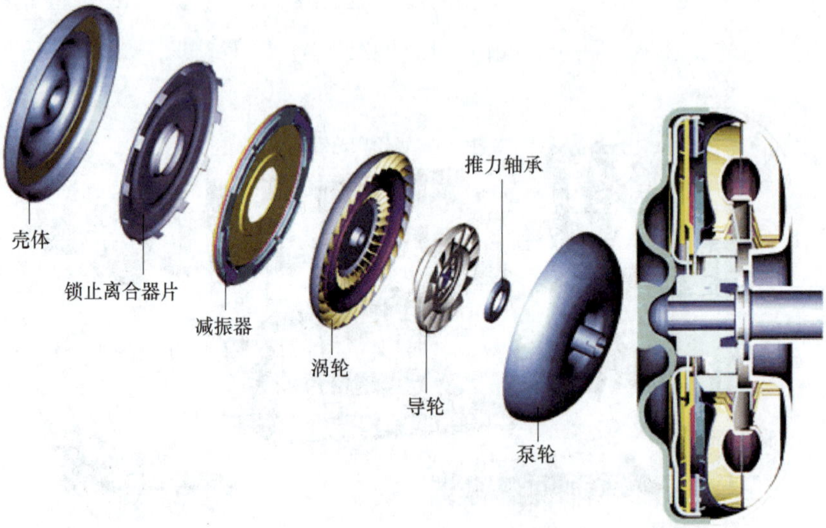

图 4-28　液力变矩器的组成

2. 齿轮变速器

自动变速器中的齿轮变速器分普通齿轮式和行星齿轮式两种。采用普通齿轮式的变速器尺寸较大，最大传动比较小，只在少数车型中采用，大多数轿车采用行星齿轮式自动变速器。

行星齿轮式自动变速器由行星齿轮机构和换挡执行机构组成，如图 4-29 所示为行星齿轮式自动变速器的结构示意图。

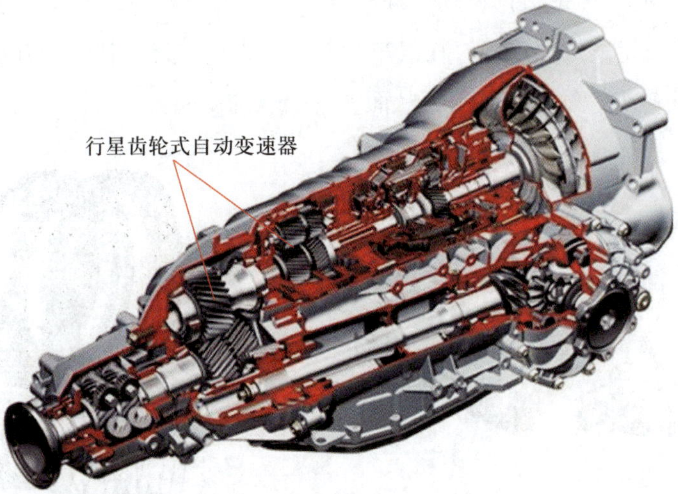

图 4-29 行星齿轮式自动变速器结构示意图

（1）行星齿轮机构（图 4-30）

行星齿轮机构由太阳轮、齿圈、行星架和支撑在行星架上的行星齿轮组成。

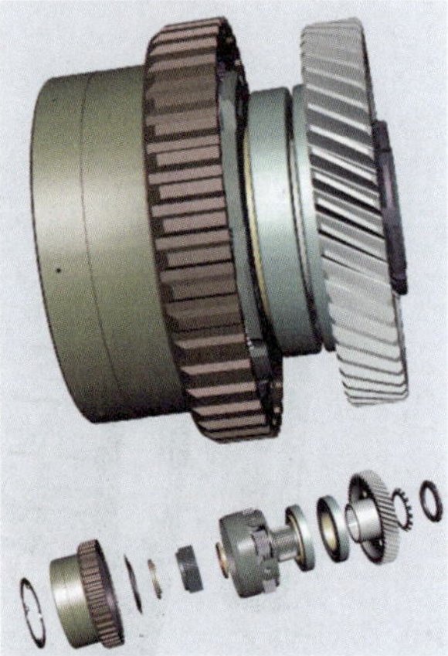
图 4-30 行星齿轮机构

按照齿轮的排数不同，行星齿轮机构可以分为单排行星齿轮机构和多排行星齿轮机构；按照太阳轮和齿圈之间的行星齿轮组数的不同，行星齿轮机构可以分为单行星齿轮式和双行星齿轮式。

（2）换挡执行机构

换挡执行机构主要有离合器、制动器和单向离合器等。

1）离合器。离合器的作用是将行星齿轮变速系统的输入轴和行星排的某个基本元件连接，或将行星排的某两个基本元件连接在一起，它是自动变速器中最重要的换挡执行元件之一。现代汽车用的自动变速器中都采用多片湿式摩擦离合器，它由离合器鼓、离合器支架、离合器活塞、回位弹簧、钢片、摩擦片、调整垫片及密封圈等组成。

2）制动器。制动器的作用是将行星排中的太阳轮、齿圈、行星架 3 个基本元件中的一个加以固定，使之不能旋转。制动器的类型较多，最常见的是带式制动器和多片湿式制动器，如图 4-31 所示。

3）单向离合器（图 4-32）。单向离合器的作用是固定或连接行星排中的太阳轮、行星架或齿圈等基本元件。单向离合器的连接和固定是单向的，当与之相连接的元件受力方向与锁止方向相同时，该元件即被固定或连接；当受力方向与锁止方向相反时，该元件即被释放或脱离连接。常见的单向离合器有滚柱斜槽式和楔块式两种。

3. 液压控制系统（图 4-33）

液压控制系统的作用是根据自动变速器操纵手柄的位置以及汽车行驶状态（车速、负荷等因素），按照设定的换挡规律，在汽车行驶过程中自动选择挡位，并通过控制换挡执行元件的工作改变齿轮变速器的传动比，从而实现挡位的变换。

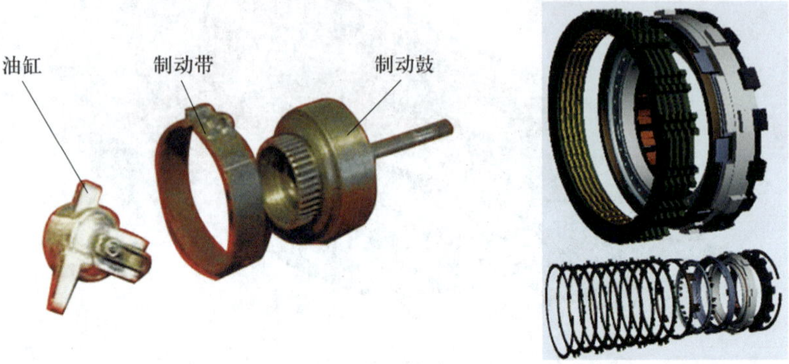

a)　　b)

图 4-31　制动器的类型

a）带式制动器　b）多片湿式制动器

图 4-32　单向离合器

图 4-33　液压控制系统

液压控制系统由油泵、控制阀、液压油和油路等组成。

（1）油泵

如图 4-34 所示，油泵由内外齿轮、滚针轴承、导轮支座、油泵壳体等零件组成，其主要作用是为自动变速器中的液力变矩器、换挡执行机构、液压控制阀等部分提供所需的一定压力的液压油，以保证其正常工作。因此，在发动机运转时，不论汽车是否行驶，油泵都在运转。

油泵安装在液力变矩器的后方，由液力变矩器壳后端的轴套驱动。

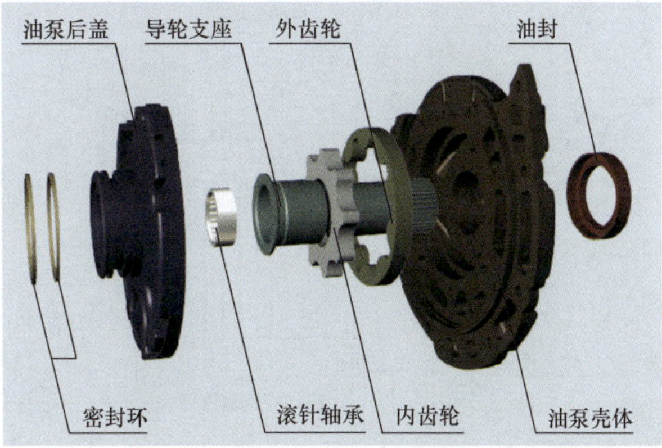

图 4-34 油泵的组成

（2）控制阀

液压控制系统中的大部分控制阀都位于阀体总成中，通过自动变速器壳体和自动变速器轴上的油道与油泵、液力变矩器及各个换挡执行元件相通。自动变速器的控制阀体通常用螺栓固定于自动变速器壳体的下部、油底壳上方，它包括上、下阀体两部分，在上、下阀体之间有垫片和隔板，上、下阀体内布置着各种控制阀，如图 4-35 所示。

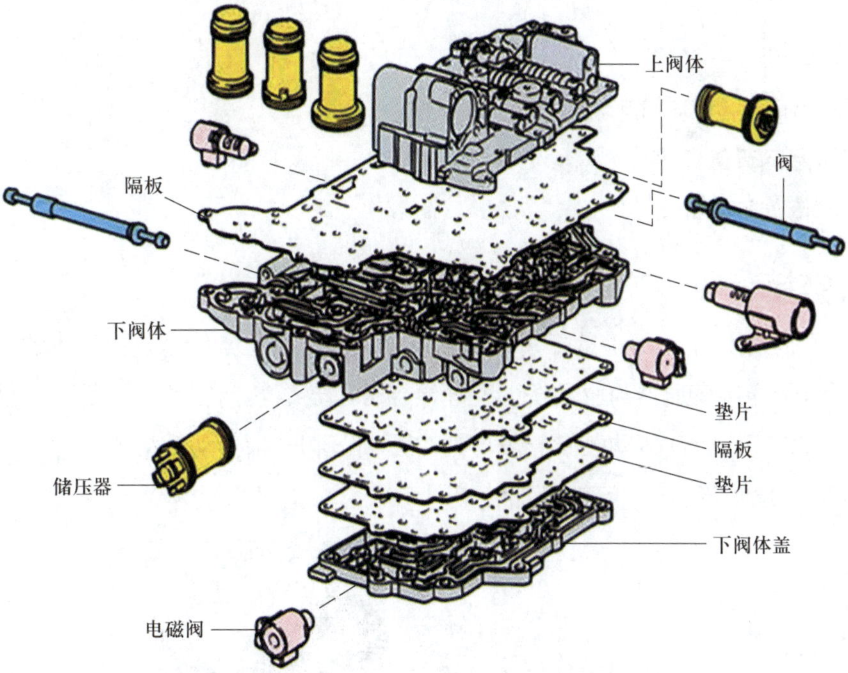

图 4-35 控制阀

4. 电子控制系统

电液控制自动变速器由齿轮变速器、液压系统和电子控制系统组成。电子控制系统主要由电子控制单元、传感器、执行器三部分组成，如图 4-36 所示。

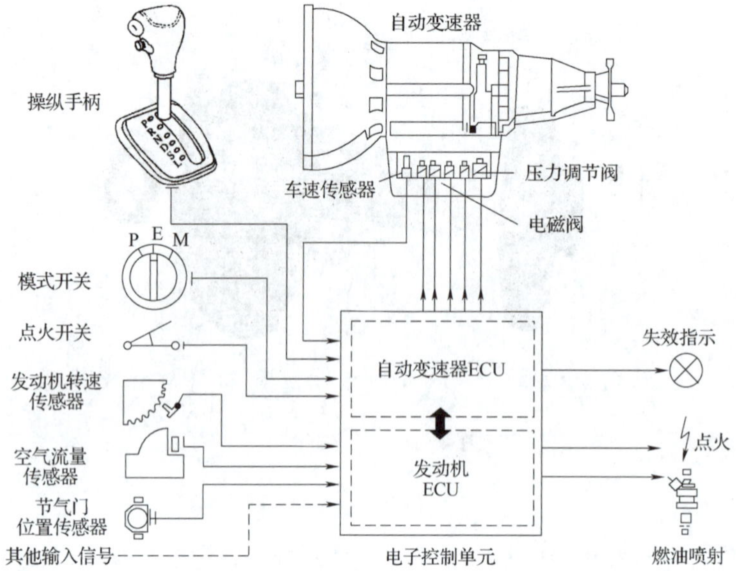

图 4-36　电液控制自动变速器的电子控制系统组成

课题5　万向传动装置

学习目标

1. 了解万向传动装置的作用。
2. 了解万向节的作用。
3. 了解传动轴的作用。

知识链接

万向传动装置（图 4-37）的作用是在轴线相交且相对位置经常发生变化的两轴间传递动力，主要用于连接变速器与驱动桥、变速器与分动器、转向驱动桥、断开式驱动桥及连接转向操纵机构等。万向传动装置一般由两个万向节和一根传动轴组成，当传动距离较远时，还需采用分段式传动轴，在中部加装中间支撑。

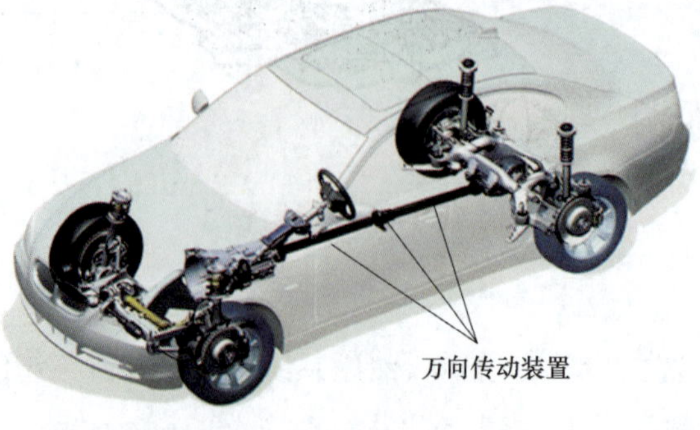

图 4-37　万向传动装置

一、不等速万向节（图 4–38）

不等速万向节又称十字轴式刚性万向节，它允许相邻两轴的最大交角为 15° ~ 20°，在汽车上应用最广。两个万向节叉分别与主、从动轴相连。

二、等速万向节（图 4–39）

等速万向节是把两个轴线不重合的轴连接起来，并使两轴以相同的角速度传递运动的机构。

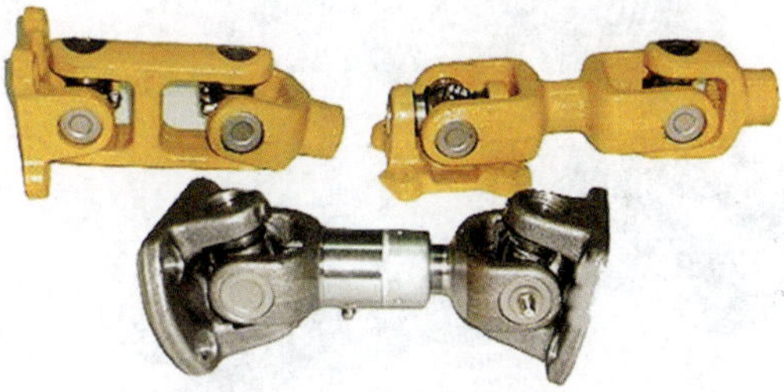

图 4–38　不等速万向节

图 4–39　等速万向节

三、传动轴（图 4–40）

在有一定距离的两部件之间采用万向传动装置传递动力时，一般需要在万向节之间安装传动轴。有些轿车没有传动轴，由变速器输出轴直接驱动左、右半轴。有些汽车的传动轴是两段式的，在连接处装有中间轴承，这种类型的传动轴可有效避免因共振造成的破坏。

图 4–40　传动轴

课题6　驱　动　桥

学习目标

1. 了解驱动桥的作用。
2. 了解驱动桥的类型。
3. 认识驱动桥的结构。

知识链接

驱动桥的位置如图 4–41 所示，其处于动力传动系的末端，它的作用是将万向传动装置

（或变速器）传来的动力经减速增扭、改变动力传递方向后，分配到左、右驱动轮，使汽车行驶，并允许左、右驱动轮以不同的转速旋转。

驱动桥是传动系的最后一个总成，如图 4-42 所示，它由主减速器、差速器、半轴和驱动桥壳等组成。

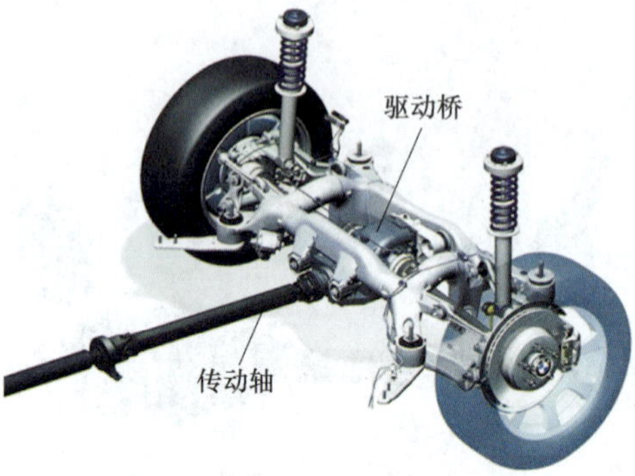

图 4-41　驱动桥的位置

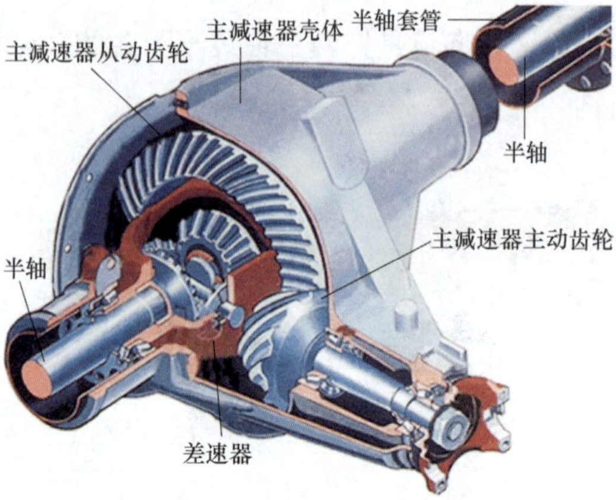

图 4-42　驱动桥的组成

一、驱动桥的类型

1. 整体式驱动桥（图 4-43）

整体式驱动桥采用非独立悬架，其驱动桥壳为一刚性的整体，两端通过悬架与车架连接。行驶时，左右驱动轮不能相互独立地跳动，整个车桥和车身会随着路面的凹凸变化而发生倾斜。这种结构多用于汽车的后桥上。

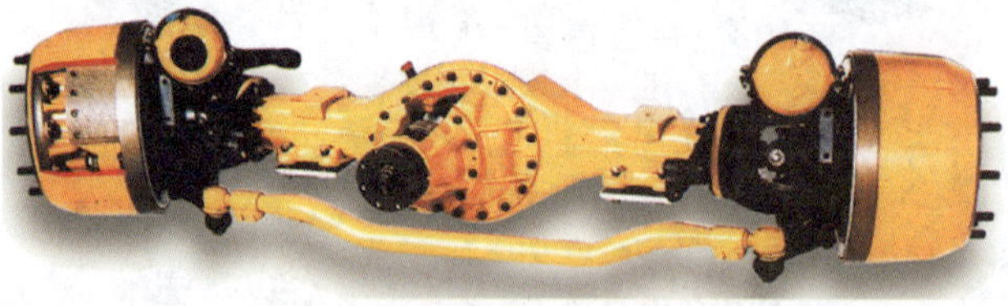

图 4-43　整体式驱动桥

2. 断开式驱动桥（图 4-44）

断开式驱动桥采用独立悬架，其主减速器固定在车架上，驱动桥壳制成分段式并用铰链连接，半轴也分段并用万向节连接。断开式驱动桥两端分别用悬架与车架连接。这样，两侧的驱动轮及桥壳可以彼此独立地相对于车架上下跳动，而车身不会随车轮跳动，提高了行驶平顺性和通过性。

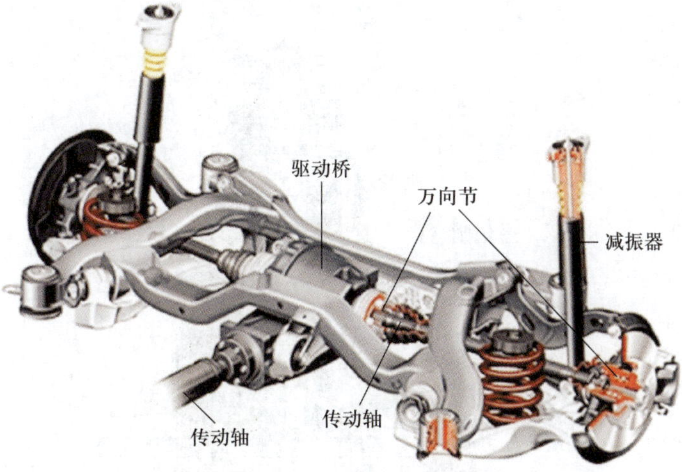

图 4-44　断开式驱动桥

二、驱动桥的主要零部件

1. 主减速器

（1）主减速器的作用

主减速器的作用是将输入的转矩增大，转速降低，并将动力传递方向改变后（横向布置发动机的除外）传给差速器。

（2）主减速器的分类

1）单级主减速器（图 4-45）。单级主减速器结构简单、质量和体积小、传动效率高，主要应用于中型以下货车及轿车。

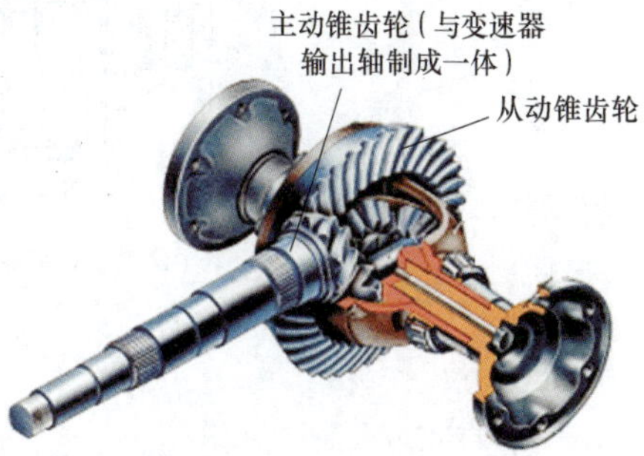

图 4-45　单级主减速器

当发动机横向布置时，由于主减速器主动齿轮轴线与差速器轴线平行，因此，主减速器采用一对斜齿圆柱齿轮传动即可，不需要改变动力的传递方向。而当发动机纵向布置时，由于需要改变动力传递方向（一般为 90°），主减速器都采用一对锥齿轮传动。

2）双级主减速器（图 4-46）。当汽车要求主减速器具有较大的传动比时，由一对锥齿轮构成的单级主减速器已不能保证足够的离地间隙，这时需要采用两对齿轮降速的双级主减速器，使其既能保证足够的动力，又能减小其外廓尺寸，提高汽车的通过性。

3）贯通式主减速器（图 4-47）。前面（或后面）两驱动桥的传动轴是串联的，传动轴从离分动器较近的驱动桥中穿过，通往另一驱动桥。

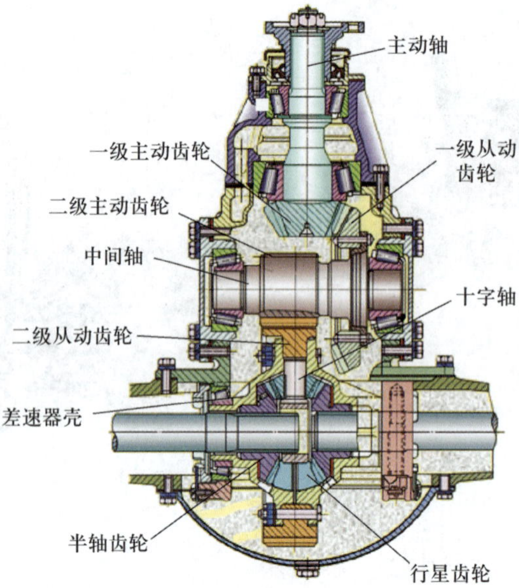

图 4-46　双级主减速器

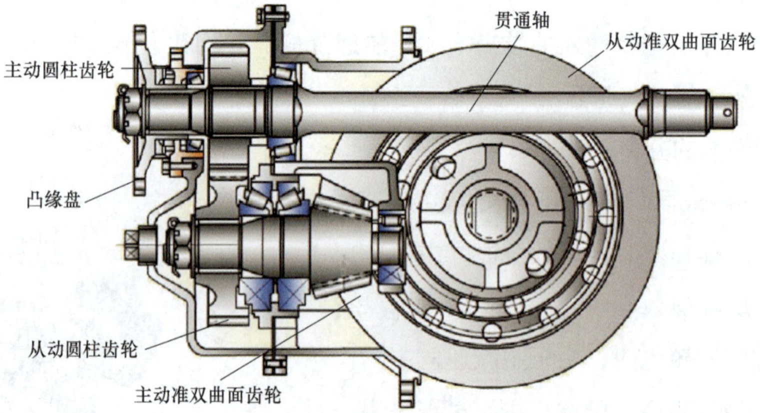

图 4-47　贯通式主减速器

2. 差速器（图 4-48）

差速器的作用是将主减速器传来的动力传给左、右两半轴，并在必要时允许左、右半轴以不同转速旋转，以满足两侧驱动轮差速的需要。

汽车上普遍采用行星齿轮式差速器，它主要由差速器壳、行星齿轮架、行星齿轮、半轴齿轮等组成。

3. 半轴（图 4-49）

半轴用来将差速器半轴齿轮的输出转矩传到驱动轮或轮边减速器上。在非断开式驱动桥内，半轴一般是实心的；在断开式驱动桥内，往往采用万向传动装置给驱动轮传递动力；在转向驱动桥内，半轴一般需要分为内半轴和外半轴两段，中间用等速万向节相连接。

图 4-48 差速器

图 4-49 半轴

4. 驱动桥壳

驱动桥壳一般由主减速器壳和半轴套管组成，其内部用来安装主减速器、差速器和半轴等；其外部通过悬架与车架相连，两端安装制动底板并连接车轮，承受悬架和车轮传来的各种作用力和力矩。驱动桥壳分为分段式和整体式，如图 4-50 所示。

a)

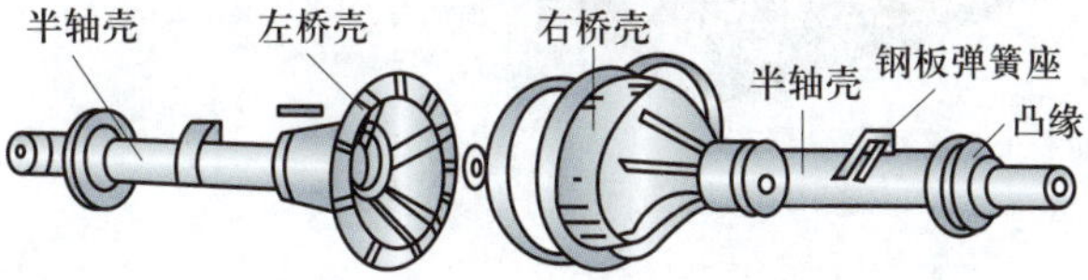

b)

图 4-50 驱动桥壳

a）整体式驱动桥壳 b）分段式驱动桥壳

单元五 汽车行驶系

汽车行驶系的作用是支撑全车的质量并保证汽车正常行驶。行驶系一般由车架（或承载式车身）、车桥（前、后车桥）、车轮和悬架（前、后悬架）等组成，如图 5-1 所示。

图 5-1 汽车行驶系的组成

课题1 车架与车桥

学习目标

1. 了解车架的分类。
2. 认识车桥的类型。

知识链接

一、车架

车架的作用是安装汽车的各总成和部件，并使它们保持正确的相对位置；同时承受来自车上和地面的各种静、动载荷。

汽车车架按其结构形式可分为边梁式、中梁式、综合式。许多轿车和公共汽车没有单独的车架，而以车身代替车架，主要部件连接在车身上，称为承载式车身。车架的类型及特点见表 5-1。

表 5-1　车架的类型及特点

类型	图示	特点
边梁式		由位于左右两侧的两根纵梁和若干横梁构成，它们之间采用铆接或焊接连接 边梁式车架的安装骨架方便，易于改装变形车，在载重汽车和特种车上得到广泛应用
中梁式	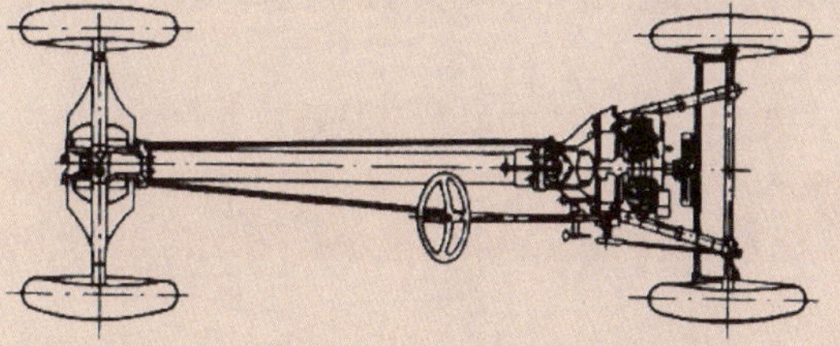	只有一根位于汽车中间的纵梁。纵梁断面为圆形或矩形，其上固定有横向的托架或连接梁，使车架成鱼骨状
综合式	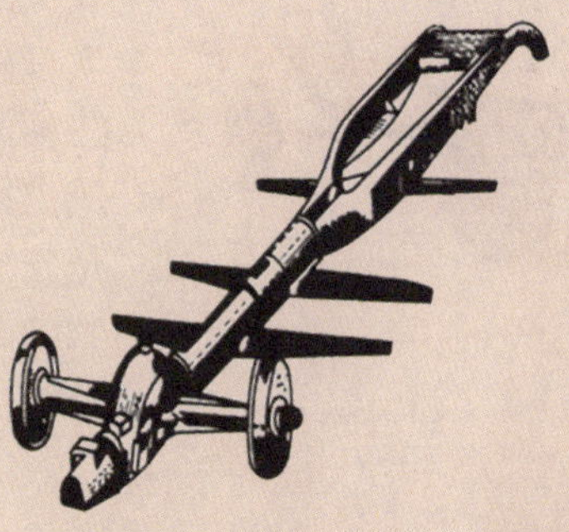	前部是边梁式，后部是中梁式，这种车架称为综合式车架（也称复合式车架），它同时具有中梁式和边梁式车架的特点
车身代替车架	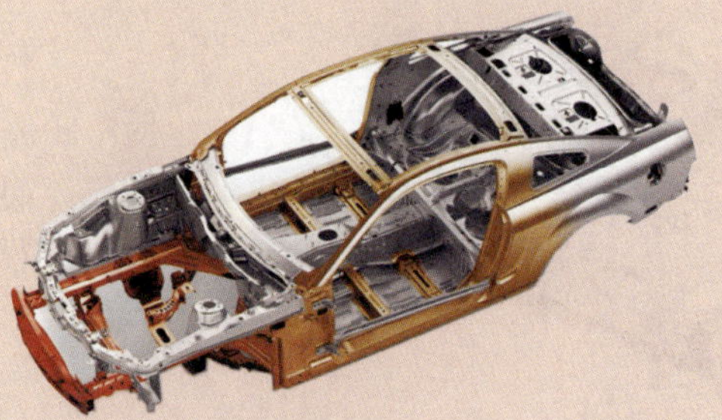 轿车车身	大多数轿车和部分大型客车取消了车架，而以车身兼代车架的作用，即将所有部件固定在车身上，所有的力也由车身来承受，这种车身称为承载式车身

续表

类型	图示	特点
车身代替车架	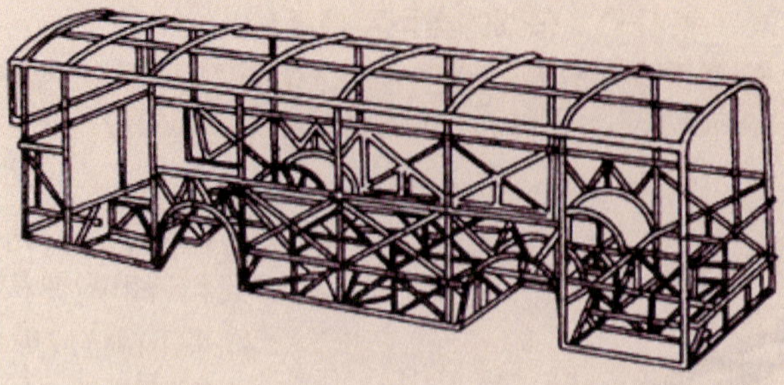 大客车整体承载式车身	承载式车身由于无车架，可以减轻整车质量；还可以降低车身高度，使上、下车方便

二、车桥

车桥通过悬架与车架相连，两端安装车轮，其作用是传递车架与车轮之间的各种力和力矩。车桥一般分为支持桥、转向桥、驱动桥和转向驱动桥四种类型，见表 5-2。

表 5-2　车桥的类型及特点

类型	图示	特点
支持桥		仅用于连接安装左右车轮，既不产生驱动力，也不实现转向。有些单桥驱动的三轴汽车，往往将后桥设计成支持桥。挂车上的车桥也是支持桥。发动机前置前轮驱动的轿车的车桥也属于支持桥
转向桥		使车轮偏转一定角度，以实现汽车的转向，一般汽车只有一个转向桥，位于汽车前部

续表

类型	图示	特点
驱动桥	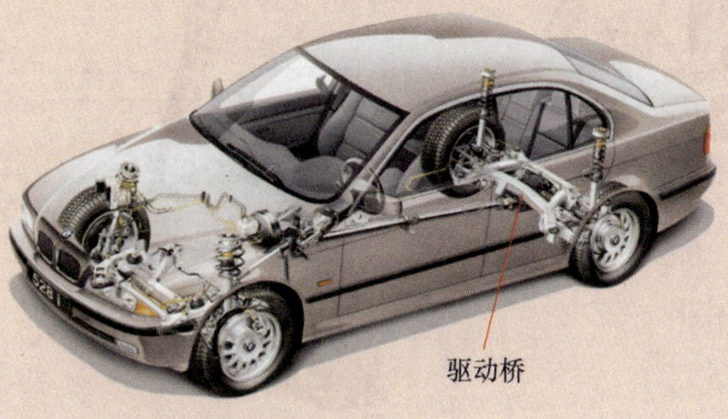	不仅用于承载，同时还起驱动的作用
转向驱动桥	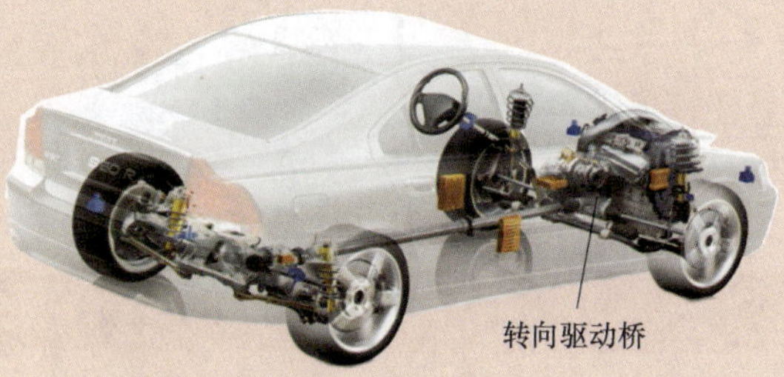	既能转向又能驱动的车桥。前轮驱动汽车和四驱汽车的前桥为转向驱动桥。现代轿车前桥广泛使用转向驱动桥

课题2 悬　架

学习目标

1. 了解悬架的分类。
2. 认识悬架的结构。

知识链接

一、机械悬架

1. 悬架的作用及组成

悬架是车架（或车身）与车桥（或车轮）之间的一切传力连接装置的总称，其作用是把路面作用于车轮上的垂直反力、纵向反力（牵引力和制动力）和侧向反力以及这些反力所造成的转矩传递到车架（或车身）上，减少汽车振动，以保证汽车正常行驶。

汽车悬架一般由弹性元件（螺旋弹簧）、减振器和导向机构（横向稳定杆、控制臂、纵向推力杆等）三部分组成，如图 5-2 所示。

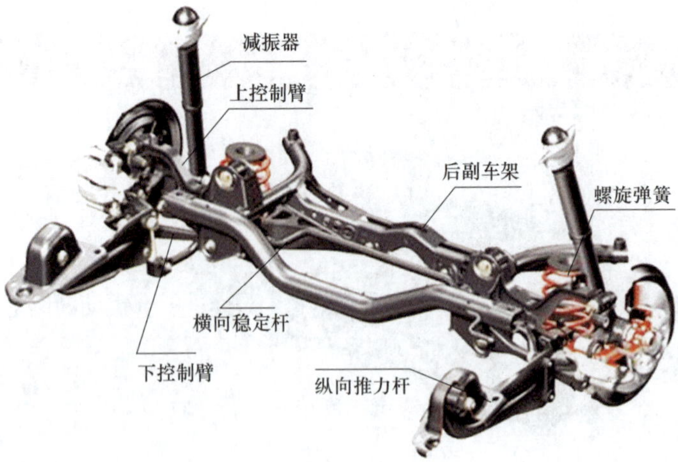

图 5-2　机械悬架的组成

2. 悬架的分类

悬架分为独立悬架和非独立悬架，见表 5-3。

表 5-3　悬架的类型及结构特点

类型	图示	结构特点
非独立悬架	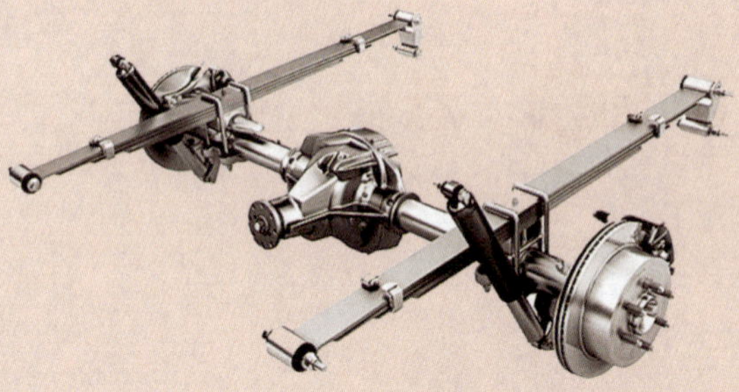	两侧的车轮由一根整体式车桥相连，车轮连同车桥一起通过弹性悬架与车架（或车身）连接。当一侧车轮因道路不平而发生跳动时，必然引起另一侧车轮在汽车横向平面内发生摆动
独立悬架		车桥做成断开的，每一侧的车轮可以单独通过弹性悬架与车架（或车身）连接。其优点是两侧车轮可以单独跳动，互不影响，在不平道路上可减少车架和车身的振动，并有助于消除转向轮不断偏摆的不良现象

3. 悬架的主要零部件

（1）螺旋弹簧和减振器（图 5-3）

螺旋弹簧大多应用在独立悬架上，具有无需润滑、防污性强、占用纵向空间小及质量小的优点，在现代轿车上被广泛采用。但螺旋弹簧只能承受垂直载荷，用其作为弹性元件的悬架要加设导向装置。此外，螺旋弹簧变形时，不产生摩擦力，因此必须加装减振器，用于衰减因冲击而产生的振动。

（2）钢板弹簧（图 5-4）

钢板弹簧是汽车悬架中使用最为广泛的弹性元件，其由若干片长度不等、宽度相等、厚度不等或相等、曲率半径不等的合金弹簧片叠加在一起组合而成。其主要零件包括主片、副片、弹簧夹、螺栓、套筒、螺母等。

图 5-3　螺旋弹簧和减振器

图 5-4　钢板弹簧

二、电子控制悬架

1. 电子控制悬架的工作原理

汽车电控悬架的工作原理是利用传感器检测汽车行驶时路面的状况和车身的状态，并将检测信号输入计算机进行处理，计算机通过驱动电路控制悬架系统的执行器动作，完成悬架特性参数的调整。

2. 电子控制悬架的基本组成

现代汽车电控悬架系统由于控制功能和控制方法的不同，其结构形式多种多样，但它们的基本组成和工作原理却是相同的，其主要由感应汽车运行状况的各种传感器、电子控制单元及执行机构等组成，如图 5-5 所示。

（1）空气压缩机（图 5-6）

空气压缩机由一个小直流电动机驱动，根据电子控制单元 ECU 的信号向干燥器输送提高车身高度所必需的压缩空气。干燥器中有一个装有硅胶的小箱子，可以将空气中的水分过滤掉。排气阀从系统中放出压缩空气，同时排掉干燥器滤出的空气水分。

（2）悬架控制执行器（图 5-7）

悬架控制执行器中的电磁线圈通电控制挡块动作，直流电动机驱动扇形齿轮做对应方向的偏转，带动控制杆改变减振器的回转阀与活塞杆油孔的连通情况，使减振器的阻尼力按需要的阻尼力大小和方向改变。

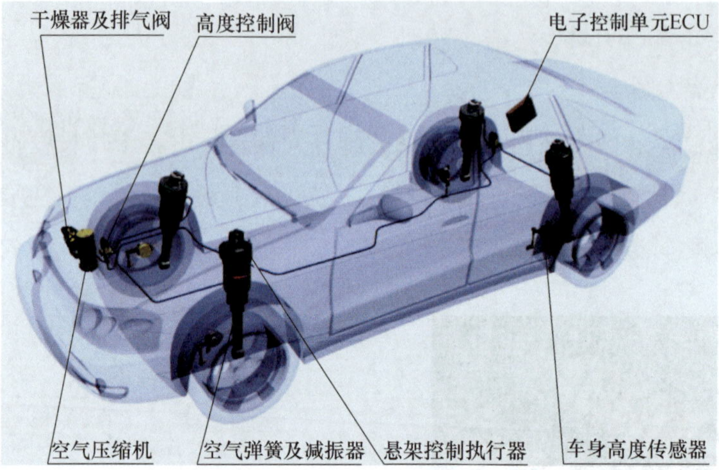

图 5-5　电子控制悬架的基本组成

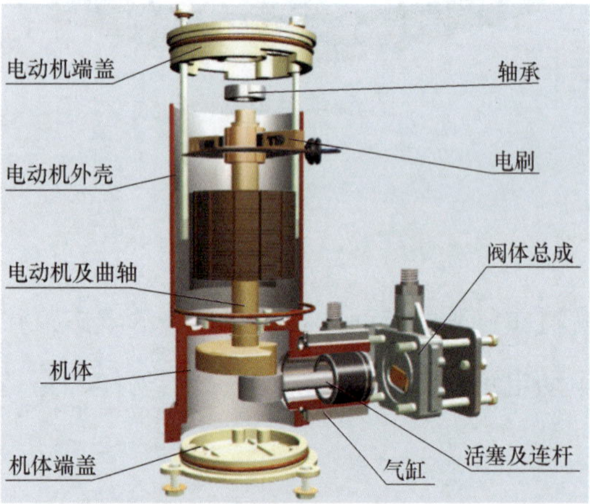

图 5-6　空气压缩机

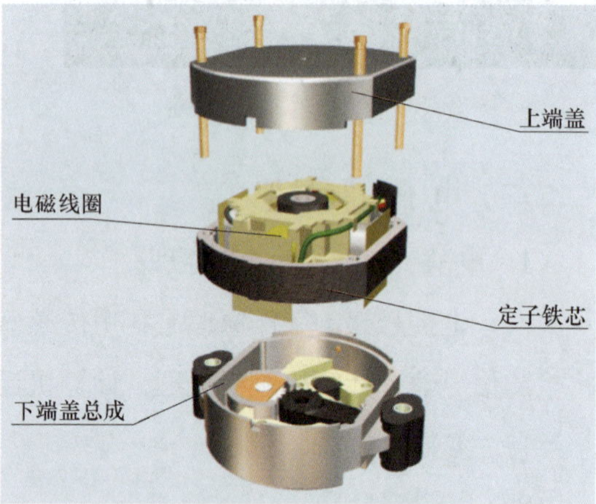

图 5-7　悬架控制执行器

（3）车身高度传感器

车身高度传感器的作用是检测汽车行驶时车身高度的变化情况（汽车悬架的位移量），并转换成电信号输入悬架系统的电子控制单元 ECU。常用的车身高度传感器有片簧开关式高度传感器、霍尔集成电路式高度传感器、光电式高度传感器。图 5-8 所示为光电式高度传感器。

（4）空气弹簧及减振器

车身高度传感器将收集到的信号传给电子控制单元，电子控制单元经过计算再发出指令来调节空气弹簧的硬度和减振器阻尼，从而达到理想的弹性状态。空气弹簧及减振器由气缸、上调缓冲块、卷动膜片、活塞杆、可调减振器、底部单向阀等组成，如图 5-9 所示。

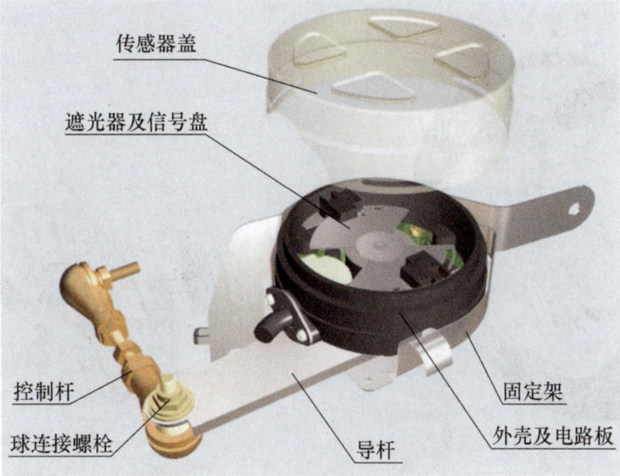

图 5-8　光电式高度传感器

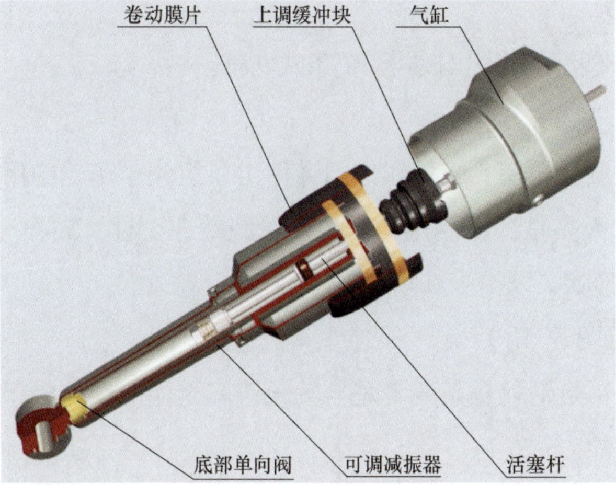

图 5-9　空气弹簧及减振器

课题③　车轮与轮胎

学习目标

1. 了解车轮的组成及分类。
2. 认识轮胎的结构及类型。

知识链接

车轮与轮胎（图 5-10）的作用是支撑整车，缓和来自路面的冲击力，产生驱动力、制动力和侧向力，产生回正力矩，提高汽车通过性等。车轮与轮胎组成车轮总成。

车轮是介于轮胎和车轴之间承受负荷的旋转组件，主要由轮辋、轮辐和轮毂组成，如图 5-11 所示。轮辋用于安装轮胎，轮辐是介于车轴和轮辋之间的支撑部分。

图 5-10　车轮与轮胎

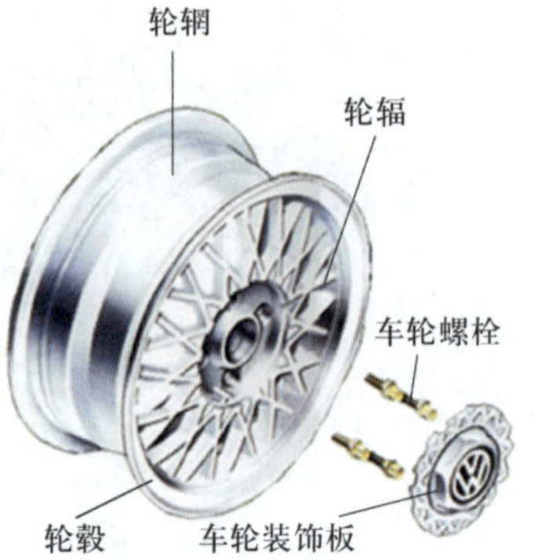

图 5-11　车轮的组成

一、车轮的分类

按轮辐的构造，车轮可分为辐板式和辐条式两种。

1. 辐板式车轮（图 5-12）

辐板式车轮由挡圈、轮辋、辐板和气门嘴伸出口组成。车轮中用以连接轮毂和轮辋的钢制圆盘称为加板，大多是冲压制成，少数和轮毂铸成一体。轿车辐板所用的材料较薄，常冲压成起伏多变的形状，以提高其刚度。

2. 辐条式车轮（图 5-13）

辐条式车轮的轮辐是钢丝辐条或者是与轮毂铸成一体的铸造辐条。这种类型的车轮一般仅用于赛车和某些高级轿车上。

图 5-12　辐板式车轮

图 5-13　辐条式车轮

二、轮辋（图 5-14）

轮辋是车轮周边安装轮胎的部件。我国轮辋规格代号基本上与国际接轨，其名义宽度和名义直径用英寸表示。

1. 深槽轮辋一般用于轿车和轻型越野车。

2. 平底轮辋一般用于中型货车。

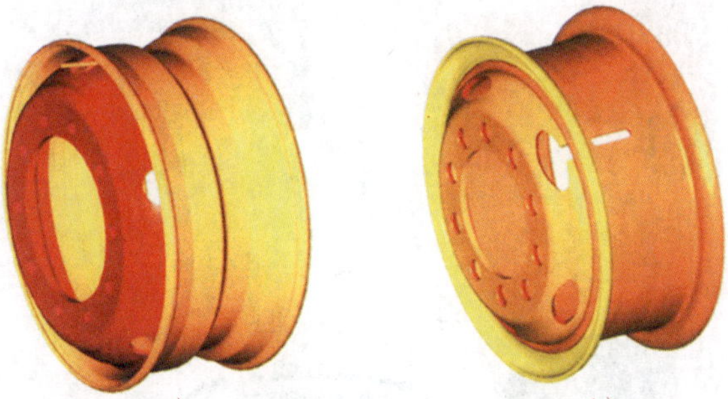

a)　　b)

图 5-14　轮辋
a）深槽轮辋　b）平底轮辋

三、轮胎（图 5-15）

轮胎是在各种车辆或机械上装配的接地滚动的圆环形弹性橡胶制品，分为充气轮胎和实心轮胎两种，现代汽车绝大多数采用充气轮胎。

图 5-15　轮胎

1. 轮胎的类型及特点

充气轮胎按组成结构不同，分为有内胎充气轮胎和无内胎充气轮胎；充气轮胎按胎体中帘线排列的方向不同，还可分为子午线轮胎和普通斜交轮胎。见表 5-4。

表 5-4　轮胎的类型及特点

<table>
<tr><th colspan="2">类型</th><th>图示</th><th>特点</th></tr>
<tr><td rowspan="2">按组成结构不同</td><td>有内胎充气轮胎</td><td>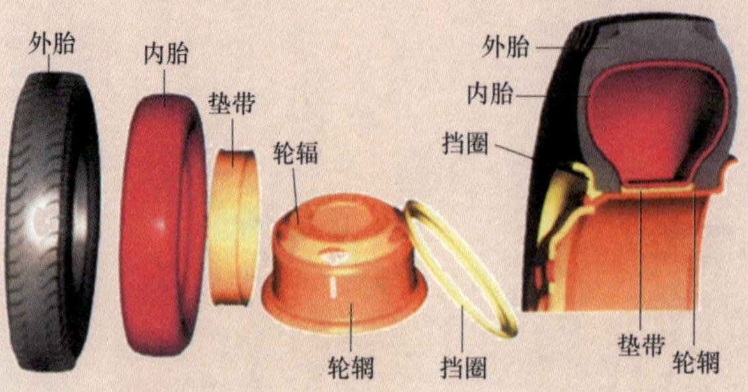
</td><td>主要由外胎、内胎和垫带组成。内胎中充满压缩空气；外胎用来保护内胎不受损伤且具有一定弹性；垫带放在内胎下面，防止内胎与轮辋硬性接触而受损伤</td></tr>
<tr><td>无内胎充气轮胎</td><td>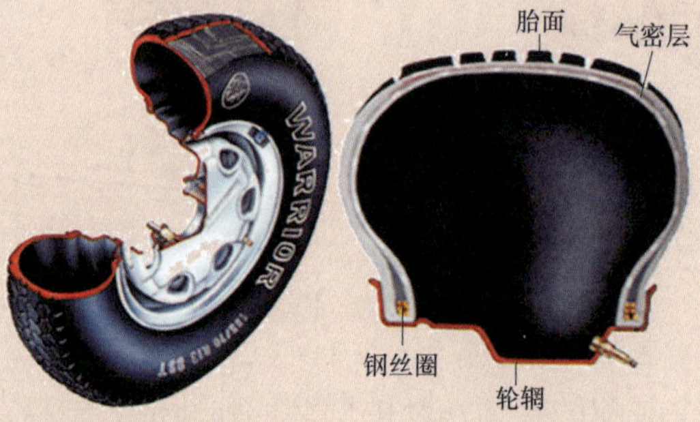
</td><td>外观上与普通轮胎相似，但胎圈外侧上有若干道同心环形槽纹，在轮胎内空气压力作用下，槽纹能使胎圈紧贴在轮辋边缘上，使之与轮辋之间保证良好的气密性</td></tr>
<tr><td rowspan="2">按胎体中帘线排列的方向不同</td><td>子午线轮胎</td><td>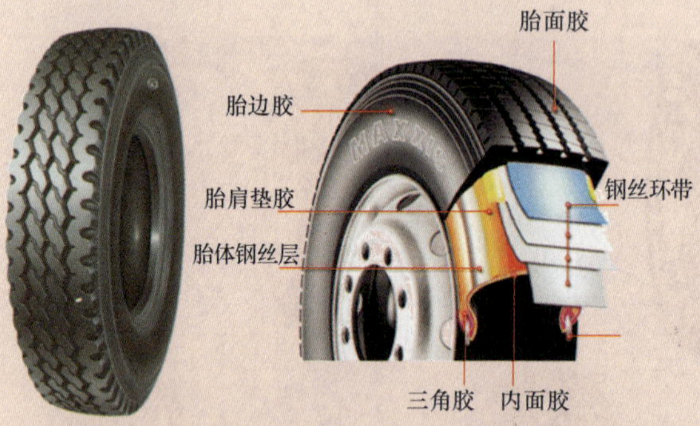
</td><td>帘线与胎面中心线呈 90° 或接近 90° 排列，帘线分布如地球的子午线，因此称为子午线轮胎。在帘布层与胎面之间为带束层。带束层内各层帘线与胎面中心线夹角为 10° ~ 20°</td></tr>
<tr><td>普通斜交轮胎</td><td></td><td>帘布层和缓冲层各相邻层帘线交叉排列，各层帘线与胎冠中心线成 35° ~ 40°，因此称为斜交轮胎。在帘布层与胎面之间的为缓冲层</td></tr>
</table>

2. 轮胎花纹

如图 5-16 所示，轮胎花纹主要分为普通花纹、越野花纹和混合花纹。普通花纹细而浅，适用于比较好的硬路面；越野花纹凹部深而粗，在软路面上与地面附着性好，越野能力强，适用于矿山、建筑工地等路面情况；混合花纹介于普通花纹和越野花纹之间，中部为菱形、纵向锯齿形或烟斗形花纹，两边为横向越野花纹，适于在城市、乡村之间的路面上行驶的汽车。

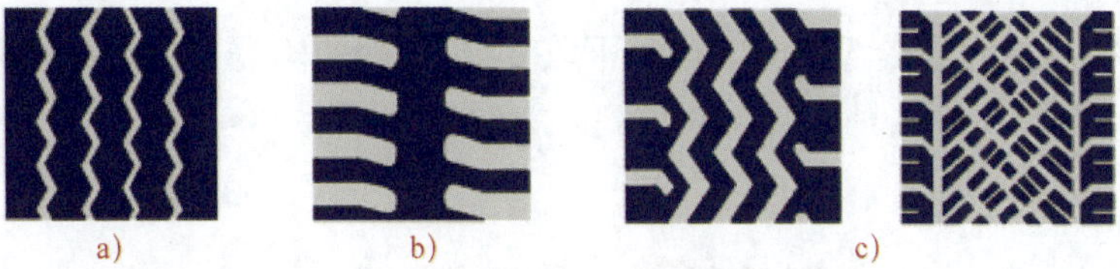

图 5-16　轮胎花纹
a）普通花纹　b）越野花纹　c）混合花纹

单元六
汽车转向系

汽车转向系的作用是在驾驶员的操纵下改变或保持汽车行驶的方向，其分为机械转向系和动力转向系。

课题1　机械转向系

学习目标

1. 了解机械转向系的组成。
2. 认识转向器的作用和分类。
3. 认识转向传动机构。

知识链接

机械转向系的作用是以人力作为动力来改变和保持汽车的行驶方向，它由转向操纵机构（转向盘、转向轴、万向节、传动轴）、转向器和转向传动机构（转向摇臂、转向节臂、梯形臂、转向直拉杆、转向横拉杆）三大部分组成，如图 6-1 所示。

一、转向操纵机构

转向操纵机构（图 6-2）即驾驶员操纵转向器的工作机构，主要由转向盘、转向轴等组成。

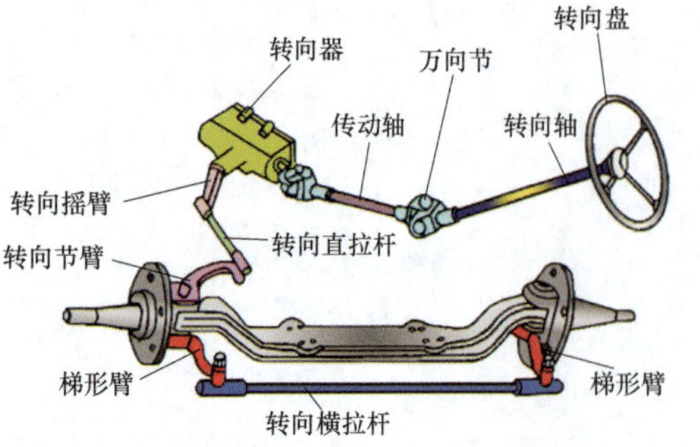

图 6-1　机械转向系的组成

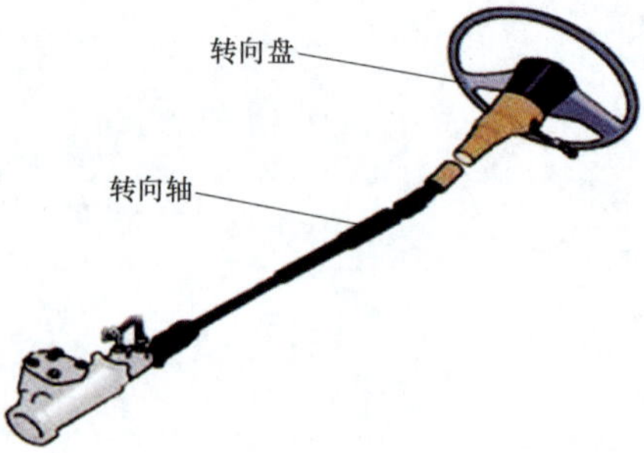

图 6-2　转向操纵机构

二、转向器

转向器的作用是将转向盘的转动变为齿条轴的直线运动或转向摇臂的摆动，降低传动速度，增大转向力矩并改变转向力矩的传动方向。

常用的转向器有循环球式、齿轮齿条式、蜗杆曲柄指销式等，如图 6-3 所示。

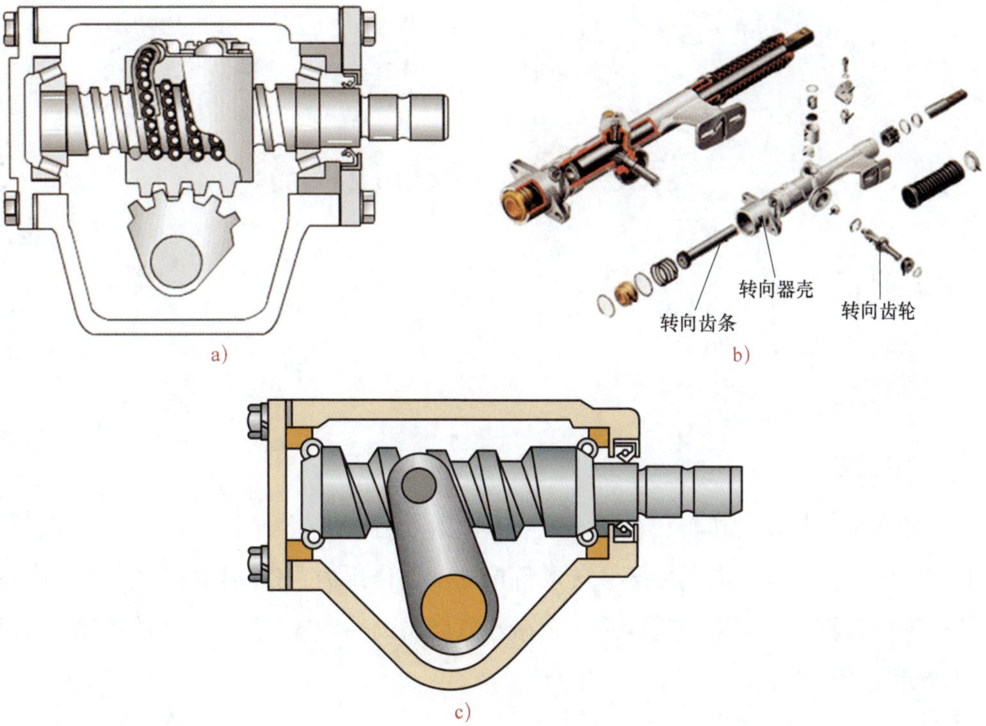

图 6-3 转向器的类型

a）循环球式转向器 b）齿轮齿条式转向器 c）蜗杆曲柄指销式转向器

三、转向传动机构

如图 6-4 所示，转向传动机构由转向摇臂、转向节臂、转向直拉杆、转向横拉杆等组成，其作用是将转向器输出的动力传给转向车轮（转向节），并使左右车轮按一定关系进行偏转。

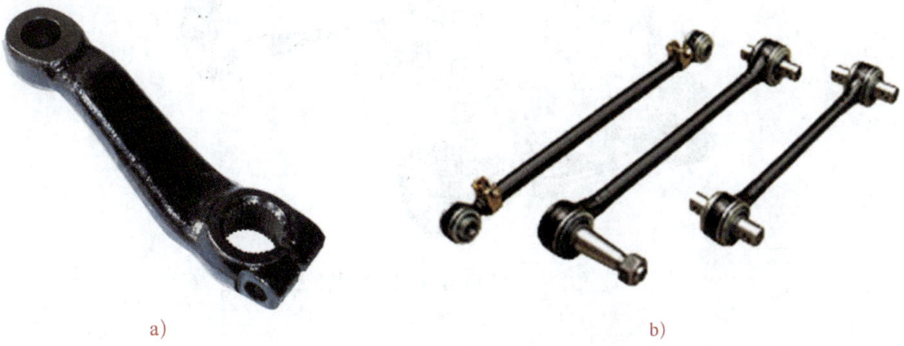

c)

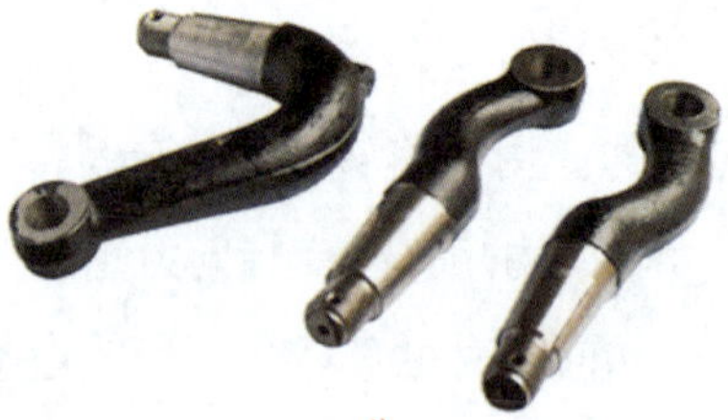

d)

图 6-4　转向传动机构

a）转向摇臂　b）转向横拉杆　c）转向直拉杆　d）转向节臂

课题 2　动力转向系

学习目标

1. 了解动力转向系的分类。
2. 认识动力转向系的结构。

知识链接

动力转向系是将发动机输出的部分机械能转化为压力能（或电能），并在驾驶员控制下，对转向传动机构或转向器中某一传动件施加辅助作用力，使转向轮偏摆，以实现汽车转向的一系列装置。采用动力转向系可以减轻驾驶员的转向操纵力。动力转向系由机械转向器和转向加力装置组成。

一、液压动力转向系

液压动力转向系是建立在机械转向系的基础之上，额外增加了一个液压系统，一般由动力转向泵、动力转向器、转向横拉杆、储油罐等组成，如图 6-5 所示。由于其工作可靠、技术成熟，至今仍被广泛应用。

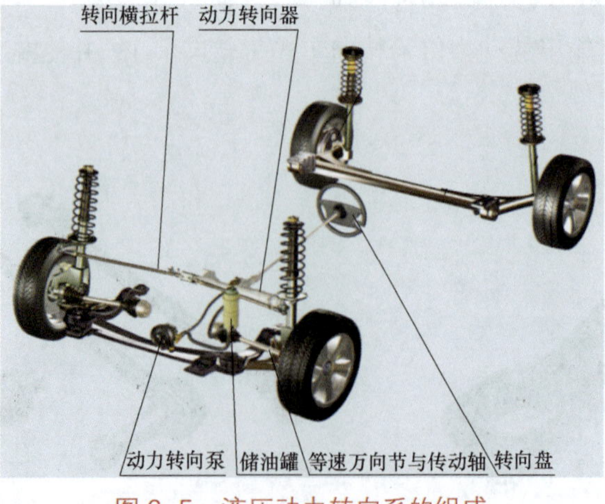

图 6-5　液压动力转向系的组成

1. 动力转向器（图 6-6）

整体式动力转向器由转阀、齿轮齿条式转向器和转向动力缸组成，转向动力缸的助力直接作用在齿条上，齿条的动力由一端输出。

2. 动力转向泵（图 6-7）

动力转向泵是液压动力转向系的动力源，它经转向控制阀向转向动力缸提供一定压力和流量的工作油液。动力转向泵大多采用双作用式叶片泵。

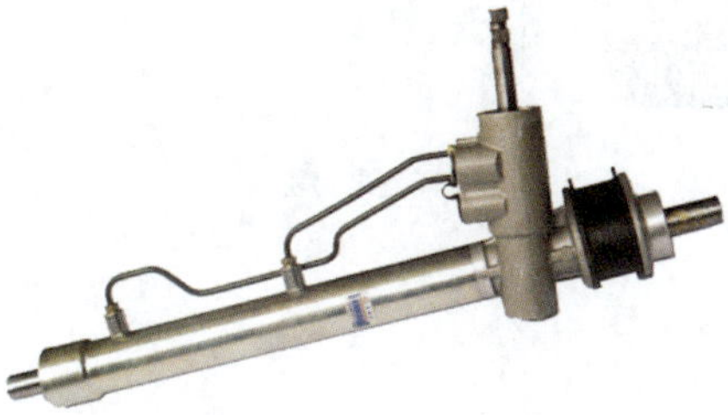

图 6-6　动力转向器

图 6-7　动力转向泵

二、电动动力转向系

电动动力转向系由转向盘、转向器、直流电动机、转矩传感器、控制单元和转向传动机构等组成，如图 6-8 所示。转向器在转向盘和直流电动机的驱动下，通过转向轴把旋转方向的力转换成直线方向的力，然后通过转向节臂，实现车轮的转向。

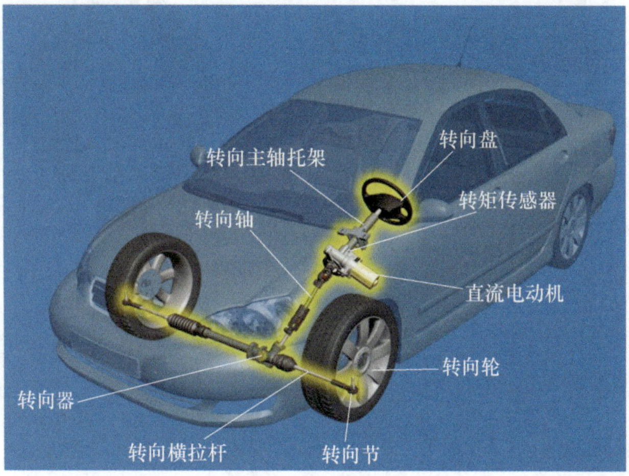

图 6-8　电动动力转向系的组成

1. 减速机构（图 6-9）

电动动力转向系根据转矩传感器检测到的扭杆转角信号、车速信号、发动机转速信号等来驱动安装在转向柱上的直流电动机，并通过蜗轮和蜗杆降低直流电动机的转速，然后传递给转向轴来提供辅助动力。

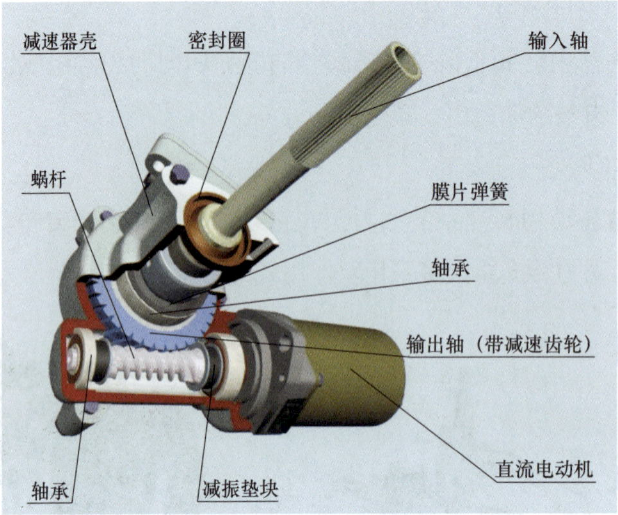

图 6-9 减速机构

2. 直流电动机（图 6-10）

直流电动机的工作原理是将直流电源通过电刷接通电枢绕组，使电枢导体有电流通过。电动机内部有磁场存在。载流的转子导体将受电磁力作用进行旋转运动。所有导体产生的电磁力作用于转子，使转子绕电动机轴旋转，以便拖动机械负载。当通过的直流电方向改变时，电动机的旋转方向也随之改变。

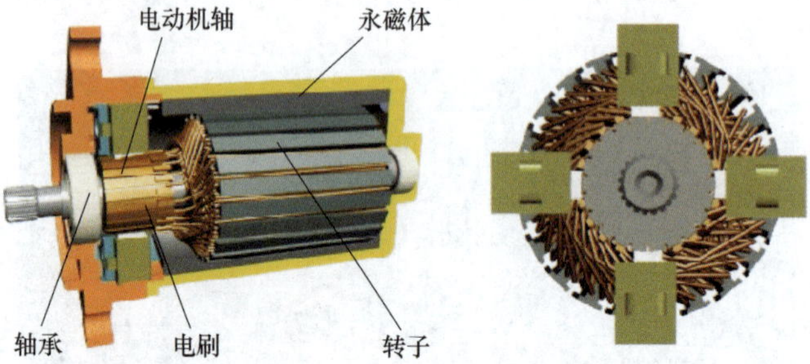

图 6-10 直流电动机

3. 转矩传感器（图 6-11）

转矩传感器安装在转向轴上，其主要作用是检测车辆在进行转向动作时，提供给电子控制单元一个转向角和转向转矩信号，电子控制单元根据该信号做出检测和判断，并控制直流电动机的运行。

三、电子液压助力转向系

电子液压助力转向系是将机械液压助力的液压泵换成电子泵，如图 6-12 所示，同时增加了部分控制单元。其优点是可以主动控制助力大小，除成本高一些，结构复杂且占用发动机舱空间多外没有别的缺点。这种助力转向系的操纵感也非常不错。

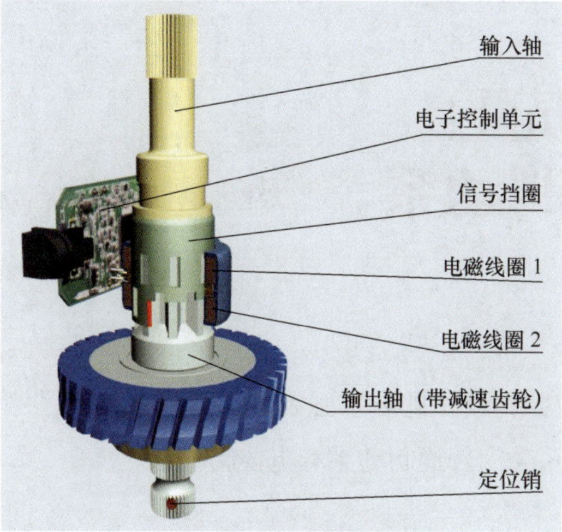

图 6-11　转矩传感器

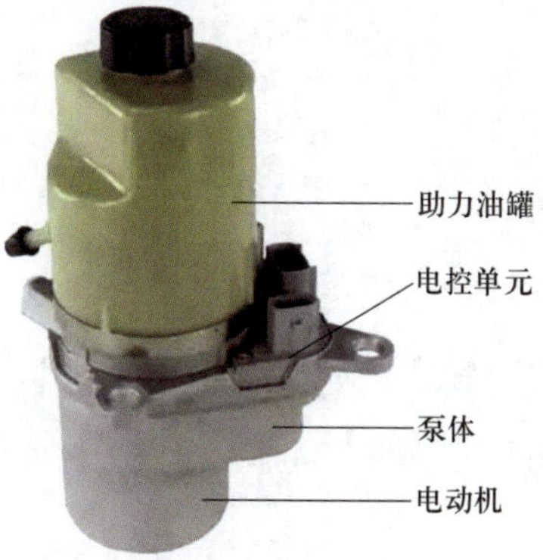

图 6-12　电子泵

单元七
汽车制动系

汽车制动系的作用是使行驶中的汽车按照驾驶员的要求强制减速、停车，使已停驶的汽车在各种道路条件下稳定驻车。汽车制动系分为普通制动系和电控制动系。

课题1 普通制动系

学习目标

1. 了解普通制动系的作用及组成。
2. 认识制动器的结构及传动机构。

知识链接

普通制动系一般由制动器和传动机构两个主要部分组成。制动器一般可分为鼓式制动器和盘式制动器。

一、制动器

1. 鼓式制动器

鼓式制动器是通过制动蹄片挤压制动鼓的内侧而获得制动力的，其主要由制动鼓、制动蹄、制动底板、制动轮缸、回位弹簧等组成，如图 7-1 所示，一般用在后轮。

2. 盘式制动器

如图 7-2 所示，盘式制动器的制动盘固定在轮毂上，制动钳固定在转向节上，制动钳

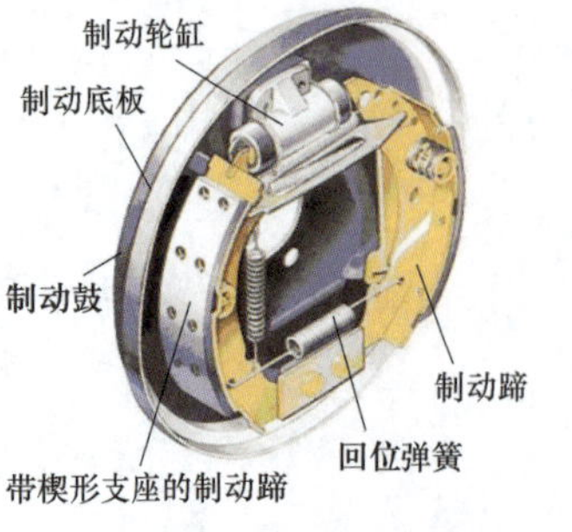

图 7-1 鼓式制动器的组成

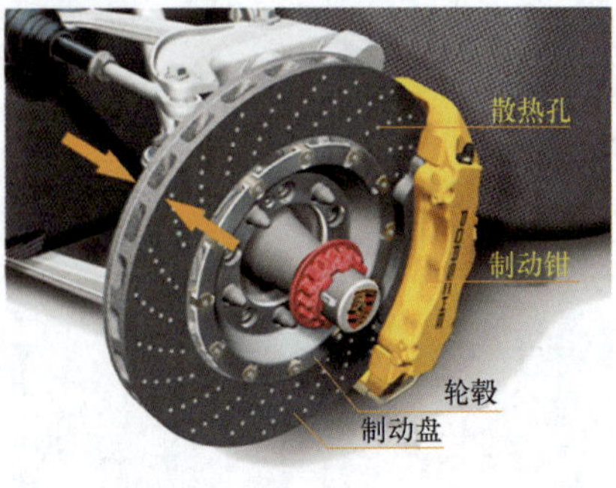

图 7-2 盘式制动器的结构

横跨在制动盘上，制动钳内装有活塞，活塞后面有充满制动液的制动轮缸。盘式制动器又分为固定钳盘式制动器和浮动钳盘式制动器。

（1）固定钳盘式（图 7-3）

固定钳盘式制动器制动钳轴向位置是固定的，其轮缸分别布置在制动钳两侧，为双向轮缸，可单轮缸对置或双轮缸对置，除活塞和摩擦块外无滑动元件。这种结构的轮缸间需要用油道或油管连通。这种类型的制动器钳体尺寸较大，外侧的轮缸散热差，热负荷大，油液容易汽化膨胀，制动热稳定性差。

（2）浮动钳盘式（图 7-4）

浮动钳盘式制动器的特点是制动钳体在轴向处于浮动状态，轮缸布置在制动钳的内侧，且数目只有固定式的一半，为单轮缸。制动时利用摩擦片的反作用力，推动制动钳体移动，使外侧的摩擦片也相继压紧制动盘，以产生制动力。

图 7-3　固定钳盘式制动器

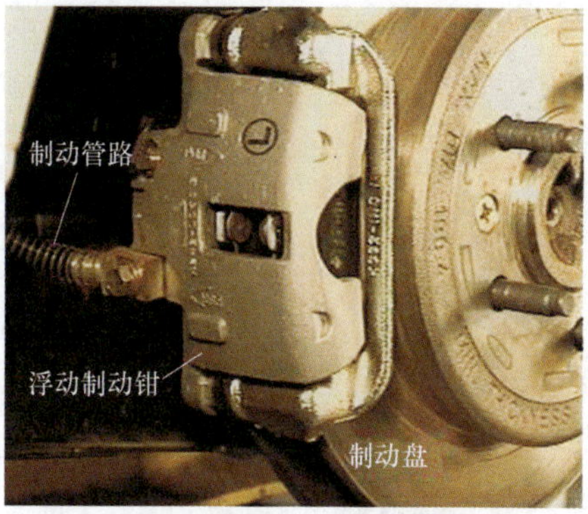

图 7-4　浮动钳盘式制动器

二、传动机构

1. 液压式制动传动装置

液压式制动传动装置是利用制动液将制动踏板力转换为液压力，通过管路传送到车轮制动器，再将液压力转变为推动制动蹄张开的推力。

液压式制动传动装置由制动踏板、推杆、制动主缸、真空助力器、储液罐、制动轮缸、油管等组成，如图 7-5 所示，多用于中、小型汽车。

（1）真空助力器（图 7-6）

真空助力器由真空助力部分、控制阀和液压制动主缸三部分组成。

真空助力部分包括助力腔的前后壳体、膜片、回位弹簧和主缸推杆等；控制阀与真空助力器膜片做成整体结构，控制阀推杆与制动踏板相连，根据制动踏板的力和位移，控制制动作用以及放松的程度；液压制动主缸装在真空助力装置之后，它将制动踏板力与真空助力的合力传递到各个车轮制动器。

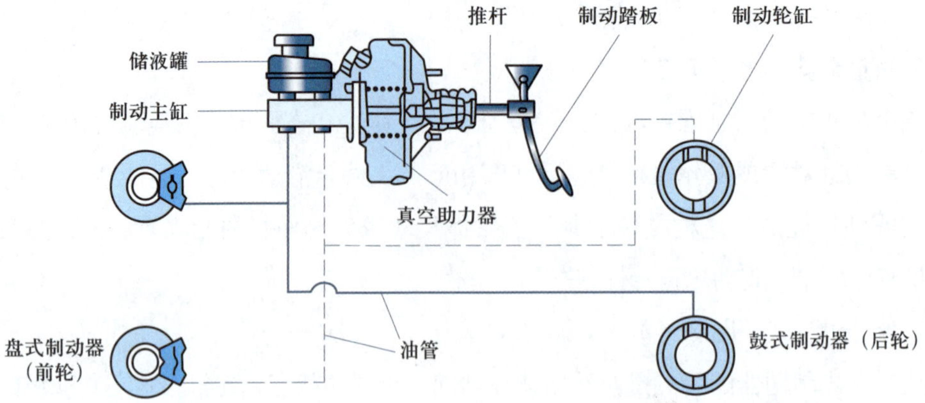

图 7-5　液压式制动传动装置的组成

（2）制动主缸（图 7-7）

制动主缸又称制动总泵，是液压式制动传动系统的核心，有与储液罐制成一体的整体式，也有两者分体式的。其主要作用是将驾驶员施加在制动踏板上的机械力和真空助力器的力转变成制动油压，并将具有一定压力的制动液经过制动管路送到各个车轮的制动分泵（轮缸），再由车轮制动器变为车轮制动力。

图 7-6　真空助力器

图 7-7　制动主缸

（3）制动轮缸

制动轮缸又称制动分泵，装在制动器中，是车轮制动力的来源，其作用是将液体压力转变为使制动蹄张开的推力。

2. 气压式制动传动装置

气压式制动传动装置的组成部件较多，管路复杂，基本由空气压缩机、储气罐、制动控制阀和制动气室等组成，如图 7-8 所示，多用于中、重型汽车。

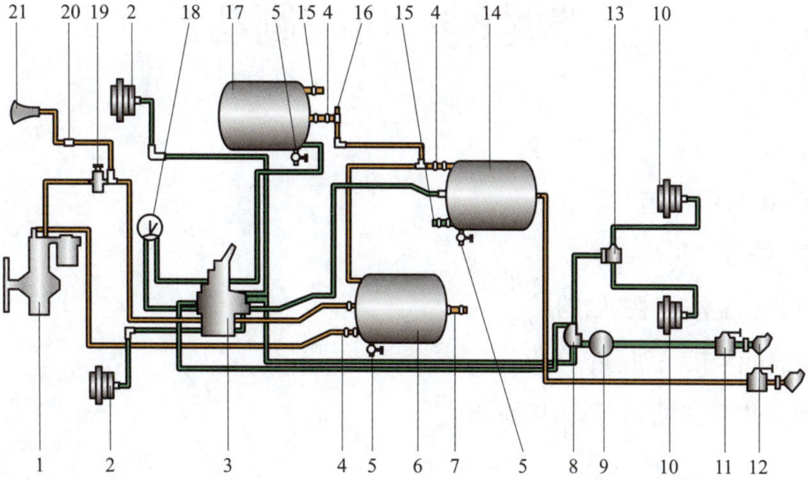

图 7-8　气压式制动传动装置的组成

1—空气压缩机（也称为气泵） 2—前制动气室
3—双腔制动控制阀　4—储气筒单向阀　5—油水放出阀
6—湿储气罐　7—安全阀（也称为限压阀） 8—梭阀　9—制动控制阀
10—后制动气室　11—挂车分离开关　12—接头　13—快放阀
14—主储气罐（供前制动器） 15—低压报警器　16—取气阀
17—主储气罐（供后制动器） 18—双针气压表
19—调压器　20—气喇叭开关　21—气喇叭

（1）空气压缩机

由发动机通过传动带驱动，产生压缩空气，向储气罐充气。

（2）储气罐

储存空气压缩机产生的气体，在制动时提供足够的压缩空气。

（3）制动控制阀

在气压制动中，驾驶员踩制动踏板时控制的是制动控制阀，由制动控制阀控制进入制动气室的气压。

（4）制动气室

制动气室安装在车轮制动器旁，当压缩空气进入制动气室时，推动制动气室的膜片移动，从而控制车轮制动器实现制动。

课题2 电控制动系

学习目标

1. 了解 ABS 的作用。
2. 熟悉 ABS 的工作原理。
3. 认识 ABS 零部件的结构。
4. 了解其他电控制动系的作用。
5. 熟悉其他电控制动系的工作原理。

知识链接

一、汽车防抱死制动系统（ABS）

汽车防抱死制动系统在制动过程中可自动调节车轮制动力，防止车轮抱死，以取得最佳的制动效果。ABS 已成为汽车上的标准装备。

如图 7-9 所示，ABS 由液压控制单元、ABS 指示灯、车轮转速传感器、真空助力器、鼓式制动器、盘式制动器、车轮等组成。

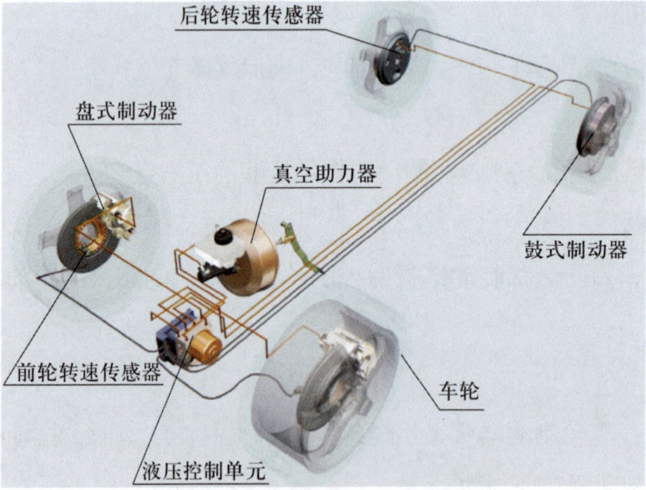

图 7-9 汽车防抱死制动系统（ABS）组成

1. 液压控制单元

ABS 液压控制单元（也称压力调节器）装在制动主缸与轮缸之间，主要由 ABS 泵电动机总成、ABS 液压控制机构和 ABS 控制单元等相关部件组成，如图 7-10 所示。其作用是接收 ECU 的控制信号，使电磁阀动作，完成保压、减压、增压的调节任务，属于执行元件。

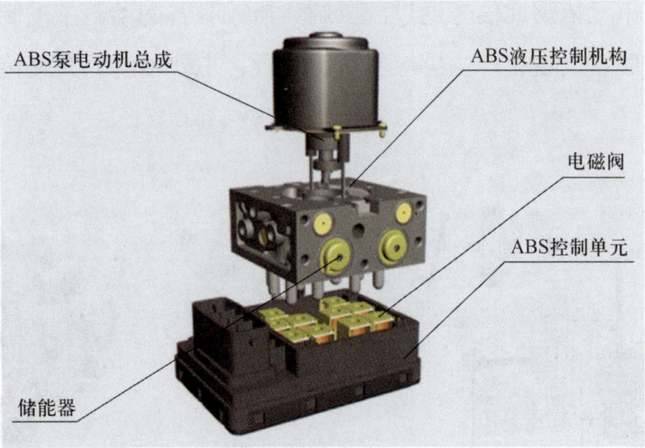

图 7-10　ABS 液压控制单元的组成

（1）保压过程（图 7-11）

当轮速传感器发出抱死危险信号时，ECU 向电磁线圈通入一个较小的保持电流（约为最大电流的 1/2），电磁阀处于保压位置。此时制动主缸、制动轮缸和回油孔相互隔离密封，制动轮缸中的制动压力保持一定。

（2）减压过程（图 7-12）

如果在“保持压力”命令发出后，仍有车轮抱死信号，ECU 即向电磁线圈通入一个最大电流，电磁阀处于减压位置。此时电磁阀将制动轮缸与回油通道或储液室接通，制动轮缸中制动液经电磁阀流入储液室，制动轮缸压力下降。

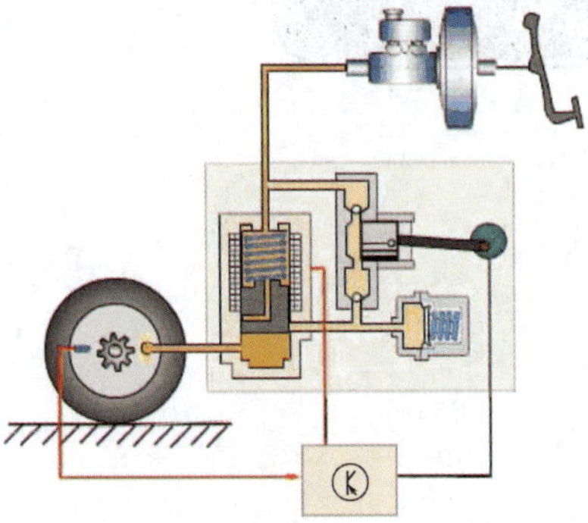

图 7-11　保压过程

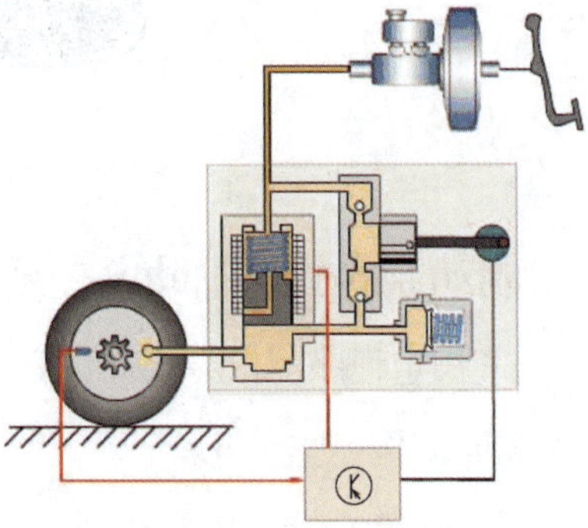

图 7-12　减压过程

（3）增压过程（图 7-13）

当压力下降后车轮加速太快时，ECU 便切断通往电磁阀的电流，制动主缸和制动轮缸再次相通，制动主缸中的高压制动液再次进入制动轮缸，使制动压力增加。

2. 车轮转速传感器（图 7-14）

车轮转速传感器（以下简称轮速传感器）用于检测车轮的转速，并将车轮转速信号输入电控单元，电控单元依据此信号通过液压调节器控制各制动缸中的制动液。电磁式轮速传感器是一种通过磁量的变化产生感应电压的装置，主要由前轮转速传感器和脉冲轮两部分组成。

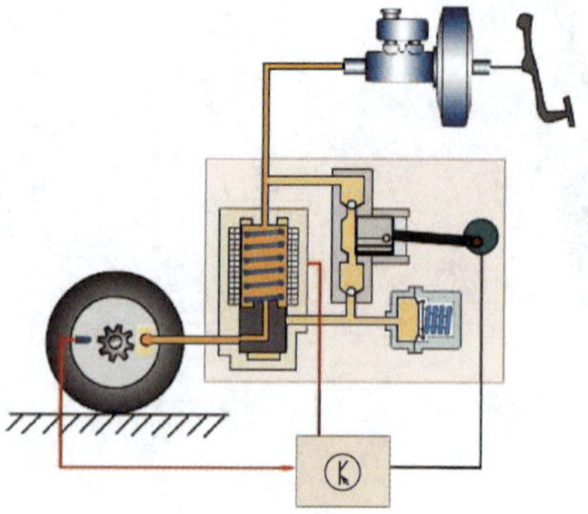

图 7–13　增压过程

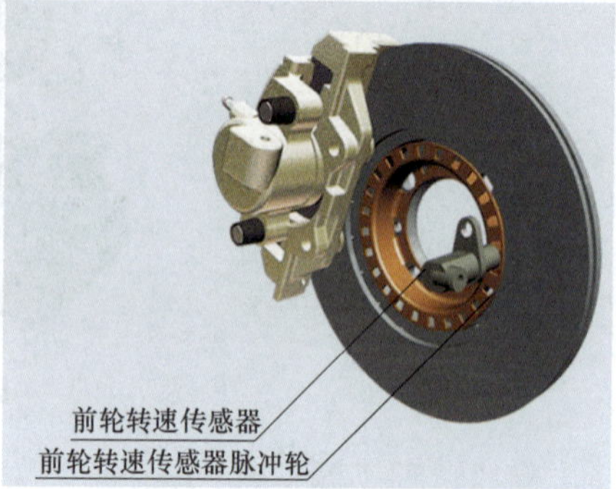

图 7–14　车轮转速传感器

3. ABS 指示灯（图 7–15）

ABS 指示灯装在仪表盘上，它用来告知驾驶员防抱死制动系统有故障，由 ECU 发送信号使报警灯点亮。它还用来读取储存在控制单元存储器中的诊断故障码。

图 7–15　ABS 指示灯

二、制动系的其他辅助电控系统

1. 电子稳定程序（Electronic Stability Program，ESP）

（1）组成结构

ESP 主要由传感器、电子控制单元、执行器等部分组成。

1）传感器。包括转向传感器、轮速传感器、偏航率传感器、横向加速度传感器等，这些传感器负责采集车身状态的数据。

2）电子控制单元。电子控制单元的作用是计算传感器采集到的数据，将计算结果与存储器里面预先设定的数据进行比对，当计算数据超出存储器预存的数值时，表示车身临近失控或已经失控，则命令执行器工作，以保证车身行驶状态能够满足驾驶员的意图。

3）执行装置。ESP 的执行器是一个能单独对车轮进行制动的制动系统，装备有 ESP

的汽车其制动系统具有蓄压功能。蓄压功能是可以根据需要，在驾驶员没踩制动踏板的时候替驾驶员向车轮的制动油管加压，对各个车轮单独施加精确的制动力，使车辆保持稳定行驶。

（2）工作原理

ESP 通过对从各传感器传来的车辆行驶状态信息进行分析，向 ABS 等发出纠偏指令，来帮助车辆维持动态平衡。ESP 可以使车辆在各种状况下保持最佳的稳定性，在转向过度或转向不足的情形下效果更加明显，如图 7-16 所示为有无配备 ESP 的效果对比。

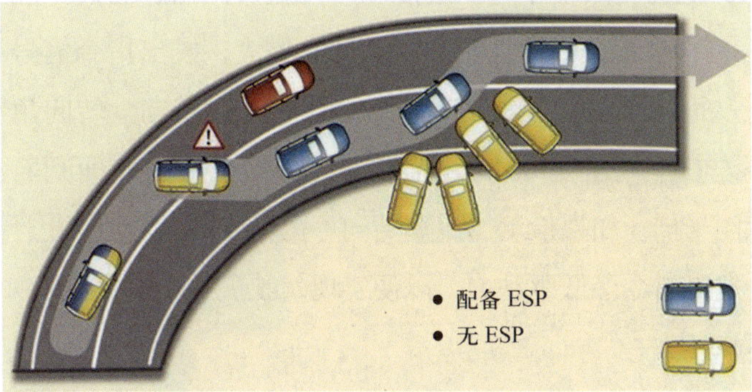

图 7-16　有无配备 ESP 效果对比

2. 电子制动力分配系统（Electronic Brake force Distribution，EBD）

EBD 能够根据汽车制动时产生轴荷转移的不同，而自动调节前、后轴的制动力分配比例，提高制动效能，并配合 ABS 提高制动稳定性。EBD 的工作原理是用高速计算机在汽车制动的瞬间，分别对四个轮胎附着的地面进行感应和计算，得出不同的摩擦力数值，使四个轮胎的制动装置根据不同的情况用不同的方式和力制动，并在运动中不断调整，使制动力与摩擦力相匹配，从而保证车辆平稳行驶。如图 7-17 所示为有无配备 EBD 的效果对比。

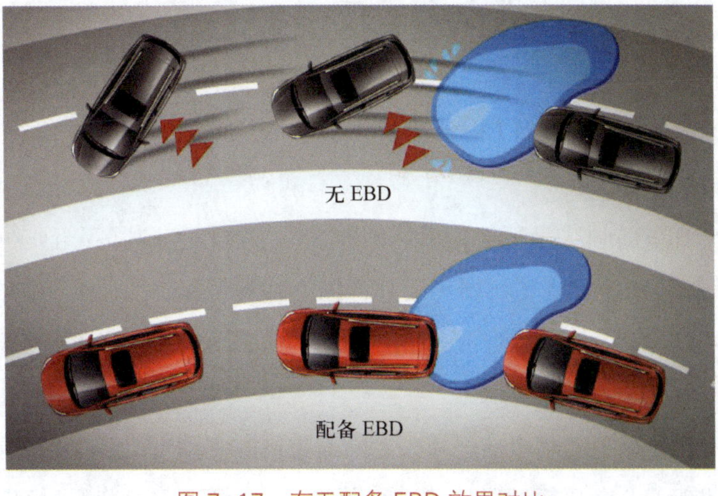

图 7-17　有无配备 EBD 效果对比

3. 牵引力控制系统（Traction Control System，TCS）

（1）组成结构

TCS 主要由电子控制单元、传感器、制动压力调节器等组成。TCS 中的电子控制单元可以是独立的，也可以与 ABS 共用，轮速传感器、制动压力调节器都可与 ABS 共用。因此，通常将 TCS 和 ABS 组合在一起。

（2）工作原理

TCS 的作用是使汽车在各种行驶状况下都能获得最佳的牵引力。TCS 的控制装置是一台计算机，利用计算机检测四个车轮的速度和转向盘转向角，当汽车加速时，如果检测到驱动轮和非驱动轮转速差过大，计算机判断驱动力过大，发出指令信号减少发动机的供油量，降低驱动力，从而减小驱动轮的滑转率。计算机通过转向盘转向角传感器掌握驾驶员的转向意图，利用左右车轮速度传感器检测左右车轮速度差，从而判断汽车转向程度是否和驾驶员的转向意图一样。如果检测出汽车转向不足（或转向过度），计算机立即判断驱动轮的驱动力过大，发出指令降低驱动力，以便实现驾驶员的转向意图。如图 7-18 所示为有无配备 TCS 的效果对比。

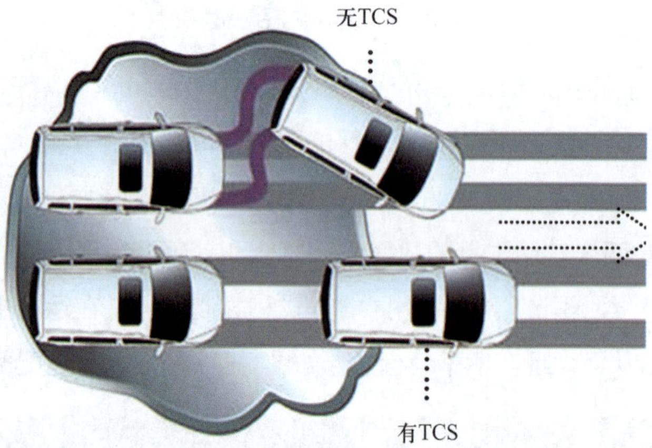

图 7-18　有无配备 TCS 效果对比

4. 电子控制制动辅助系统（Electronic Brake Assist，EBA）

（1）组成结构

EBA 布置在汽车前侧底盘下部，由传感器、执行器和控制器等组成。EBA 是在 ABS 的基础上，增设制动踏板行程传感器（膜片行程传感器）和制动压力传感器，并在防抱死制动电控单元中增设制动力调节软件程序和检测制动执行结束的 EBA 释放开关。

（2）工作原理

EBA 通过驾驶员踩制动踏板的速率来判断驾驶员的制动行为，如果察觉到制动踏板的制动压力增加，EBA 会在极短时间内启动全部制动力。当 EBA 监测到驾驶员踩制动踏板的速度陡增，且持续大力踩制动踏板时，EBA 会释放出储存的液压以施加最大的制动力。驾驶员一旦释放制动踏板，EBA 就转入待机模式。由于施加了最大制动力，EBA 可显著缩短制动距离。

5. 电子差速锁（Electronic Differential System，EDS）

EDS 通过 ABS 的传感器自动探测到两驱动轮的转速，用来判断车轮是否失去着地摩擦力，从而对汽车的加速打滑进行控制。汽车加速过程中，当电子控制单元根据轮速传感器信号判断出某一侧驱动轮打滑时，EDS 就自动开始工作，由于车轮打滑时两侧车轮产生的转速不同，EDS 将通过液压控制单元对打滑一侧的车轮进行制动，从而提高另一侧驱动轮的附着利用率，提高车辆的通过能力。当车辆的行驶状况恢复正常后，EDS 停止工作。同普通车辆相比，带有 EDS 的车辆可以更好地利用地面附着力，来提高车辆的运行性，保证汽车平稳行驶且不损失动力，从而有利于起步、加速和爬坡。

6. 陡坡缓降系统（Hill Descent Control，HDC）

在 HDC 启动后，驾驶员无需踩制动踏板，车辆会自动以低速行驶，并且能够对超过安全转速的车轮施加制动力，从而保证车辆平稳地通过陡峭的下坡坡段。

7. 上坡辅助系统（Hill-start Assist Control，HAC）

车辆在陡峭或光滑坡面上起步时，驾驶员从制动踏板切换至加速踏板时车辆将向后下滑，从而导致上坡起步困难，为防止此情况发生，上坡时 HAC 暂时对四个车轮施加制动以阻止车辆下滑。未配备 HAC 时，驾驶员必须快速且准确地从制动踏板切换至加速踏板；配备 HAC 时，可以防止车辆向下滑，因此驾驶员可以轻松驾车起步并从容操作踏板。

单元八 汽车电气

现代汽车电气设备的种类和数量很多，大致可以分为电源（蓄电池、交流发电机等）、用电设备（前照灯、转向灯、空调压缩机、发动机散热器风扇等）、配电装置（熔丝和继电器盒）等，由它们构成全车电路，如图 8-1 所示。

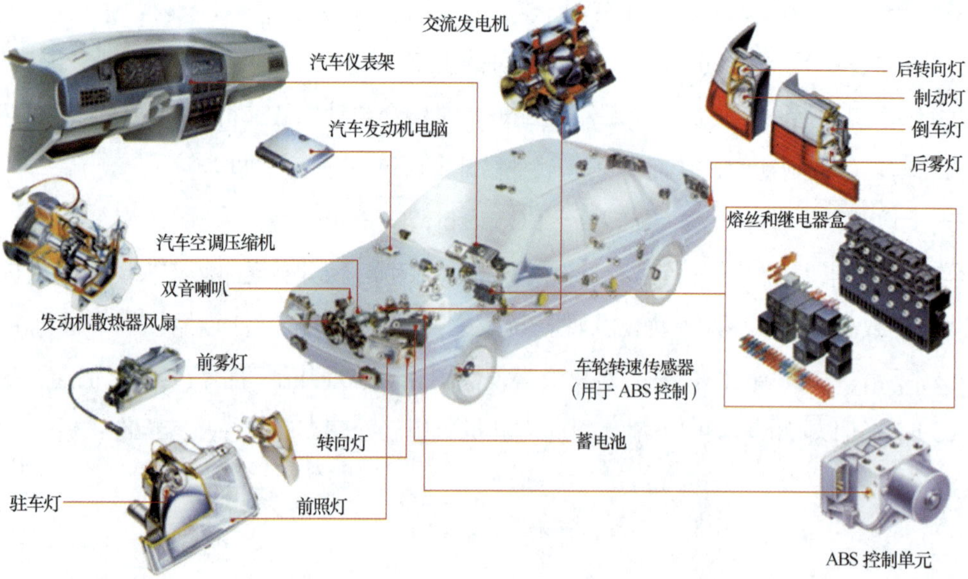

图 8-1　汽车电气设备

课题1　电源系统

学习目标

1. 认识蓄电池的结构及分类。
2. 认识发电机的结构。

知识链接

传统燃油汽车电源系统（图 8-2）主要由蓄电池、电流表、交流发电机及与发电机匹

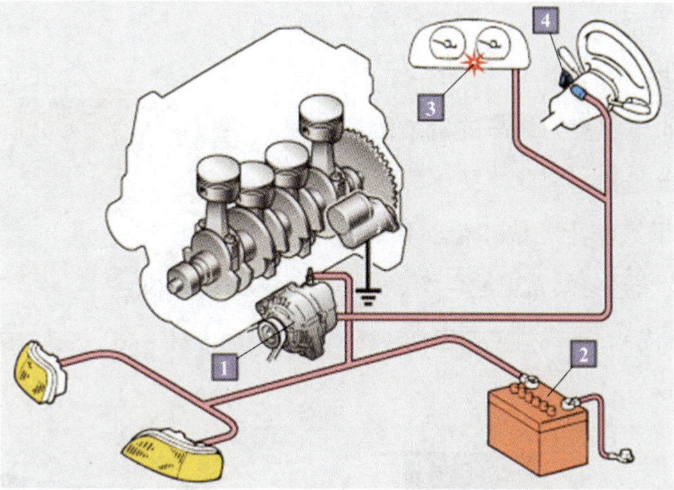

图 8-2　传统燃油汽车电源系统

1—交流发电机　2—蓄电池　3—电流表　4—点火开关

配的电压调节器等组成。蓄电池、交流发电机与汽车用电设备是并联的。发动机启动时，蓄电池向起动机供电；发动机正常工作时，发电机向用电设备供电并向蓄电池充电。

电动汽车电源系统主要由动力蓄电池（图 8-3）、电池管理系统（图 8-4）、DC-DC 转换器（图 8-5）等组成。启动时，12V 动力蓄电池控制高压上电；正常工作时，动力蓄电池通过 DC-DC 转换器将高压电转化为低压电，向整车用电设备供电。

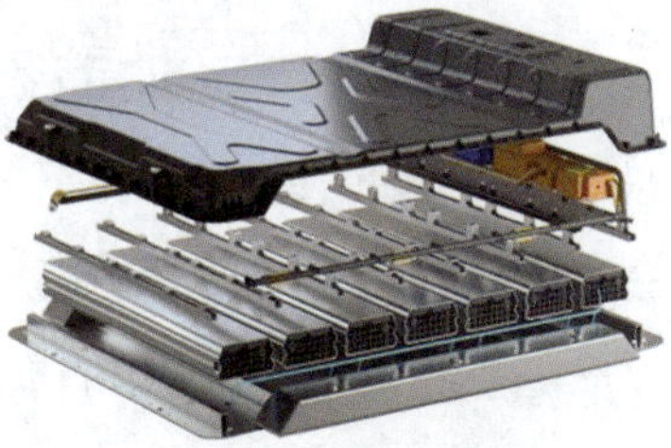

图 8-3　动力蓄电池

图 8-4　电池管理系统

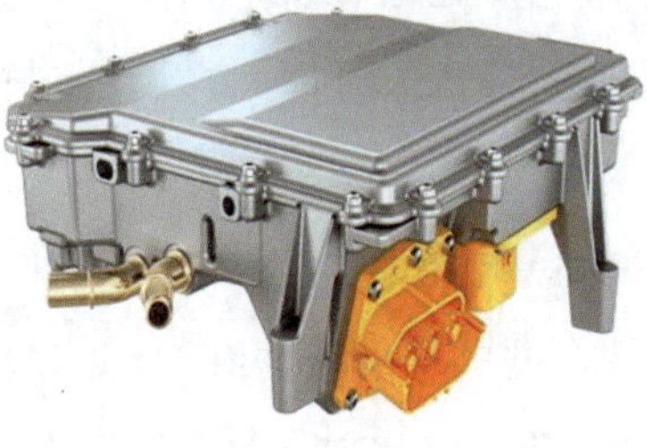

图 8-5　DC-DC 转换器

一、蓄电池

1. 蓄电池的作用

（1）启动发动机时供电给起动机。

（2）发动机停转或发电机电压过低时供电给各用电设备。

（3）当发电机电压高于蓄电池电压时，蓄电池作为发电机的负载，将发电机发出的一部分电能转变成化学能储存起来，并且平缓电路中所产生的电压波动。

2. 蓄电池的类型

（1）酸性蓄电池

酸性蓄电池的电解液为纯净的硫酸溶液，在极板上的主要成分是铅，因此，又可称为铅酸蓄电池。它广泛用于汽车上，成本低、结构简单。铅酸蓄电池可分为普通铅酸蓄电池（图 8-6）、免维护蓄电池（图 8-7）、干式荷电蓄电池（图 8-8）等。

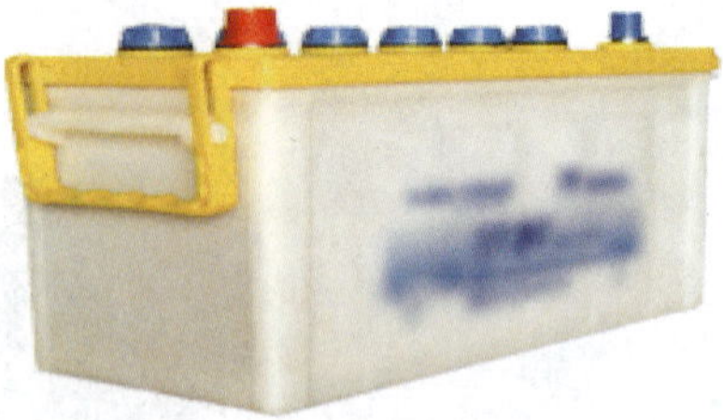

图 8-6　普通铅酸蓄电池

图 8-7　免维护蓄电池

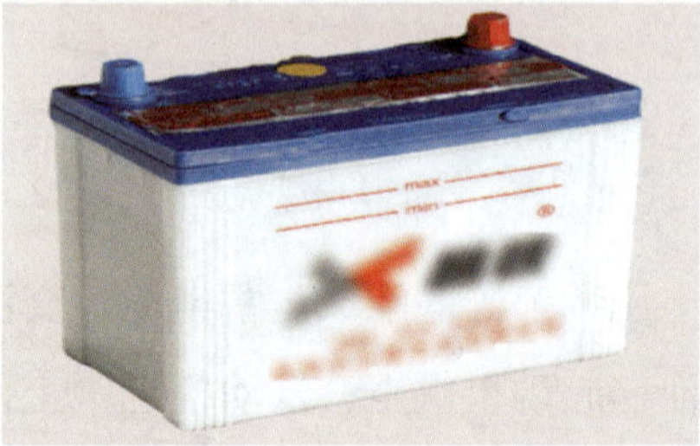

图 8-8　干式荷电蓄电池

1）免维护蓄电池

免维护蓄电池又称 MF 蓄电池，在使用期限内无需进行日常维护，且具有自放电少、耐过度充电性好、电解液中水的损耗少等优点。

2）干式荷电蓄电池

干式荷电蓄电池在保存期内只要加入规定密度的电解液，放置 15 min 以上，调整液面至规定高度即可使用。若超过保存期，则在使用前补充充电 5 ~ 10 h 后方可使用。

（2）碱性蓄电池

碱性蓄电池的电解液为纯净的氢氧化钠或氢氧化钾溶液，其极板上的主要成分是镍，特点是使用寿命长、自放电少、质量小，但导电性差、成本高。

1）镍镉蓄电池（图 8-9）

镍镉蓄电池具有功率大、散热性能好、质量小、充电时间短（比一般电池至少快 4 倍）、循环寿命可达到 2 000 次等优点。

2）镍氢蓄电池（图 8-10）

镍氢蓄电池与镍镉蓄电池相比，电压相同但能量提高一倍，且具有质量小、体积薄、有效期长、充电快速、对环境无污染等优点，制作成本与镍镉蓄电池相当，充电循环次数可达 1 500 次，主要供电动汽车使用。

图 8–9　镍镉蓄电池

图 8–10　镍氢蓄电池

（3）锂离子电池

锂离子电池指的是以两种不同的能够可逆地插入及脱出锂离子的嵌锂化合物分别作为电池正极和负极的二次电池体系。相比其他电池，锂离子电池具有容量密度高、体积小、质量小、充电效率高的优势，但同时也有着不耐低温及热稳定性差的缺点，其在主流电动汽车上应用广泛。常见的锂离子电池包括圆柱电池、软包电池、方形电池等，如图 8–11 所示。

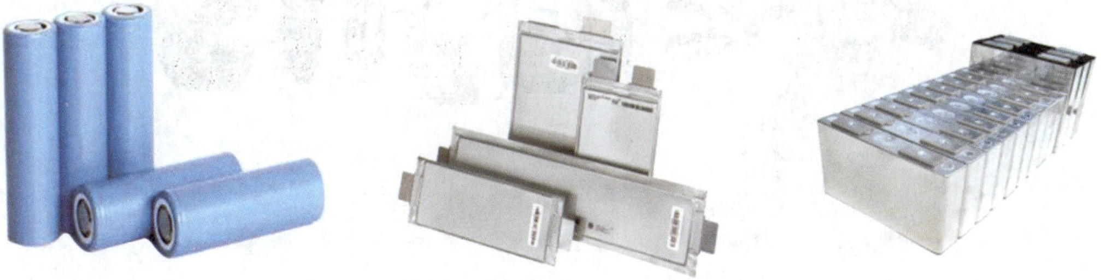

a）　b）　c）

图 8–11　锂离子电池

a）圆柱电池　b）软包电池　c）方形电池

3. 蓄电池的结构

蓄电池由极板组（正负极板）、隔板、电解液、外壳、连接条、正负极柱等部分组成，如图 8–12 所示。12 V 蓄电池一般由 6 个单格电池串联而成，每个单格电池额定电压为 2 V。

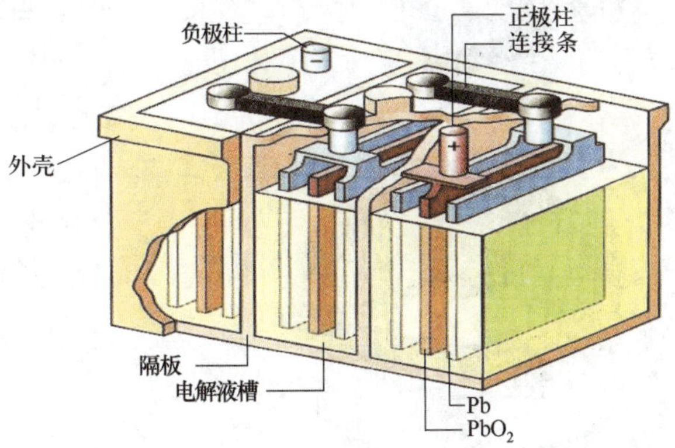

图 8–12　蓄电池的结构

二、交流发电机

1. 交流发电机的作用

汽车使用的电源有蓄电池和发电机两种。现代燃油汽车采用交流发电机作为主要电源，蓄电池作为辅助电源。在汽车行驶过程中，由发电机向除了起动机以外的所有用电设备提供电源，并向蓄电池充电。

2. 交流发电机的结构

三相同步交流发电机由转子总成、定子总成、三相整流器、带轮、风扇、前后端盖和电压调节器等部件组成，如图 8-13 所示。三相交流发电机各零部件的组成及作用见表 8-1。

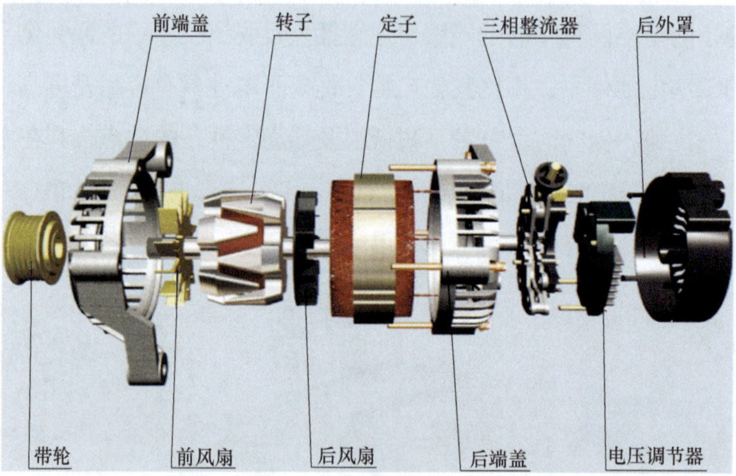

图 8-13 三相同步交流发电机组成结构示意图

表 8-1 三相交流发电机各零部件的组成及作用

零部件	图示	组成及作用
转子总成	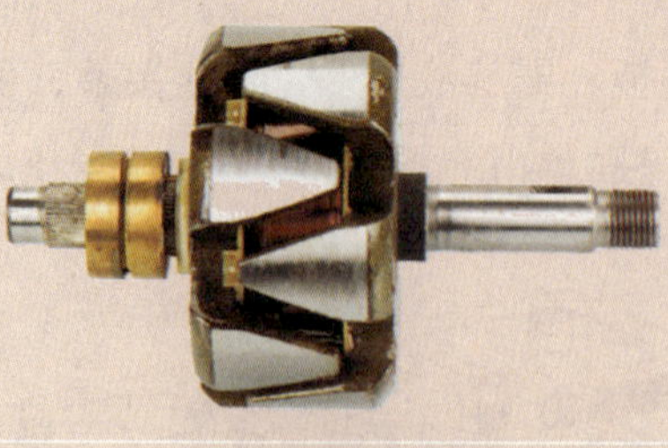	由转子轴、集电环、爪极、励磁绕组等组成。发动机带轮带动发电机带轮旋转，当励磁绕组通电时，转子切割定子绕组产生旋转的磁场
定子总成		由铁芯和定子绕组组成。固定的定子绕组切割转子产生旋转的磁场（磁感应线），定子绕组上就产生交流电动势

续表

零部件	图示	组成及作用
三相整流器	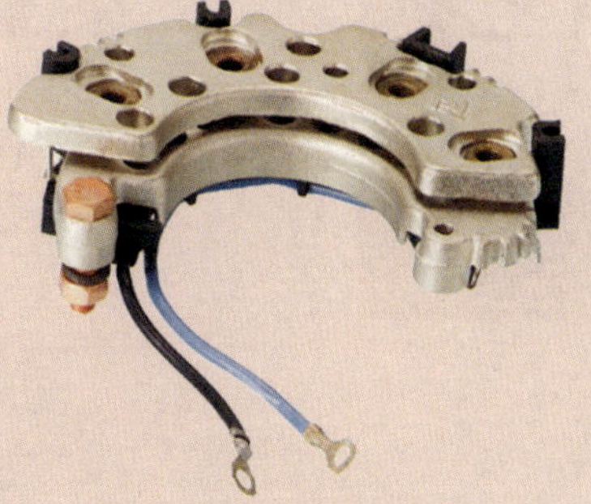	作用是将定子绕组的三相交流电变为直流电。三相整流器由整流板和整流二极管组成，6 管交流发电机的整流器是由 6 只硅整流二极管分别压装（或焊装）在相互绝缘的两块板上组成的，其中一块为正极板（带有输出端螺栓），另一块为负极板。负极板和发电机外壳直接相连（搭铁），也可以将发电机的后端盖直接作为负极板
电刷总成		由电刷、电刷架和电刷弹簧组成。电刷的作用是将电源通过滑环引入励磁绕组。两个电刷分别装在电刷架的孔内，借助弹簧压力与滑环保持接触
端盖		一般分为两部分（前端盖和后端盖），起支撑转子、定子、三相整流器和电刷总成的作用。后端盖上装有电刷总成

续表

零部件	图示	组成及作用
风扇		发电机工作时，定子绕组和励磁绕组中都会有热量产生，温度过高会烧坏导线的绝缘皮，导致电动机不能正常工作，因此为发电机装风扇是必须的，用于提高散热能力
带轮		交流发电机的前端装有带轮，由发动机通过传动带驱动发电机的转子轴旋转

三、电压调节器

电压调节器的作用是保持发电机在转速和负荷变化时输出稳定的电压，其分为晶体管电压调节器（图 8-14a）和集成电路电压调节器（图 8-14b）。集成电路电压调节器由于体积小，可直接装于发电机内部。

a)

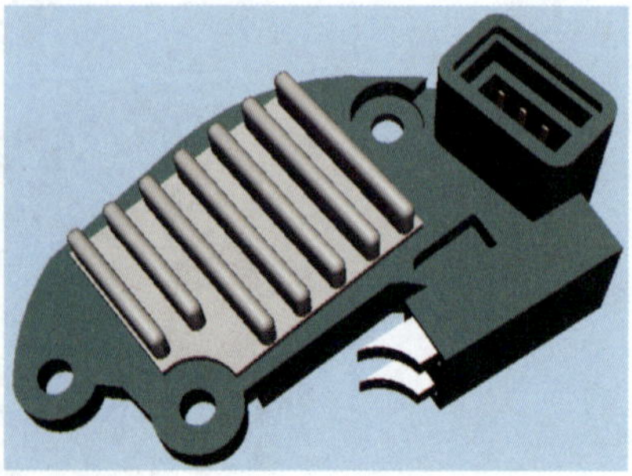

b)

图 8-14　电压调节器

a）晶体管电压调节器　b）集成电路电压调节器

四、电池管理系统（图 8-15）

电动汽车电池管理系统是连接车载动力电池和电动汽车的重要纽带，其主要由数据采集模块、主控模块、通信模块、存储模块、电池控制模块等组成，如图 8-15 所示。电池管理系统的主要作用是对电池的一些参数进行实时监控，同时可控制电池充放电等。电动汽车动力电池的充放电、续航能力以及使用寿命等需要依靠电池管理系统。

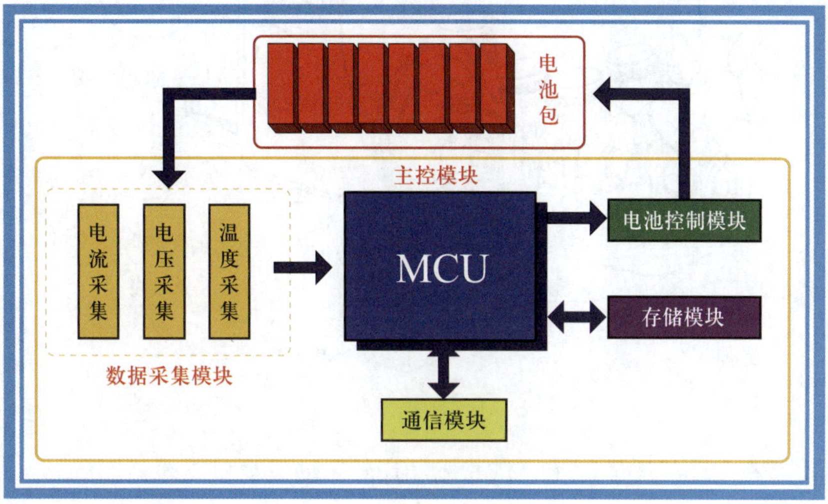

图 8-15　电动汽车电池管理系统的组成

五、DC-DC 转换器

DC-DC 转换器负责将动力电池的高压电转化成 12 V 低压电源。

课题2　起动系统

学习目标

1. 了解起动系统的组成。
2. 认识起动机的结构。

知识链接

汽车发动机必须靠外力带动曲轴来辅助启动，此外力就是起动机的起动力矩，即依靠起动机的起动力矩拖动，使发动机依靠自身运转的惯性而进入连续不断地吸气、压缩、做功、排气循环时，发动机才能视为完全启动。

一、起动系统的组成

起动系统一般由蓄电池、起动机、点火开关、起动继电器等组成，如图 8-16 所示。

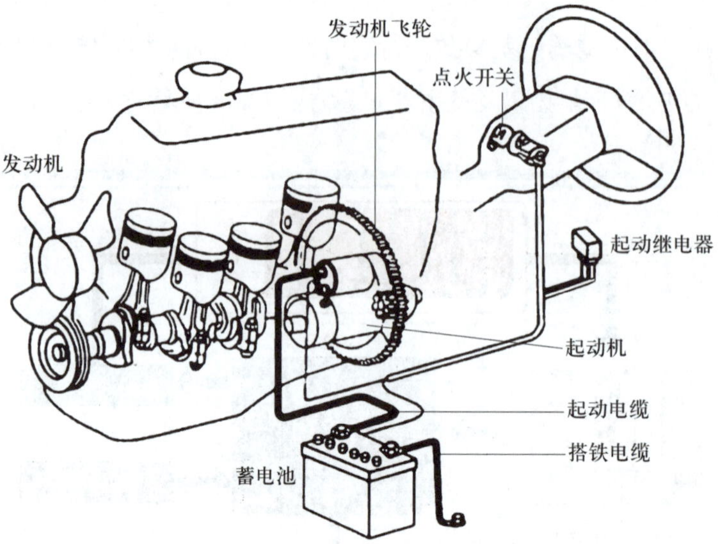

图 8-16　起动系统的组成

起动机安装在发动机飞轮壳上，依靠驱动齿轮带动发动机飞轮齿圈旋转从而启动发动机。起动机的作用是将蓄电池的电能转变为机械能，驱动发动机使其启动。

二、起动机的结构

起动机由直流串励式电动机、传动机构、控制装置（即电磁开关）三部分组成，如图 8-17 所示。

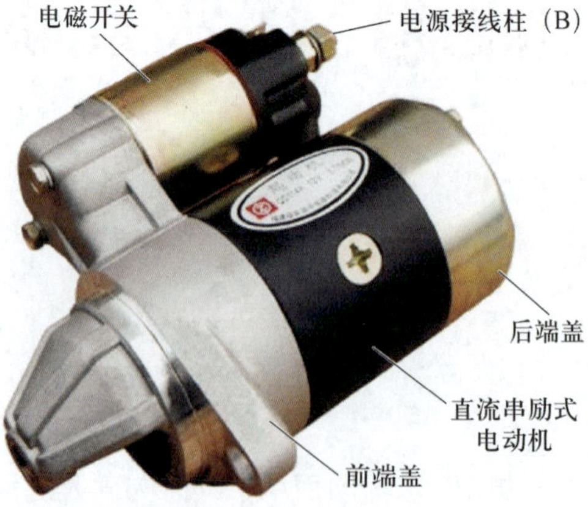

图 8-17　起动机的结构组成

1. 直流串励式电动机的零部件

直流串励式电动机的零部件的组成及作用见表 8-2。

表 8-2 直流串励式电动机的零部件的组成及作用

零部件	图示	组成及作用
电枢	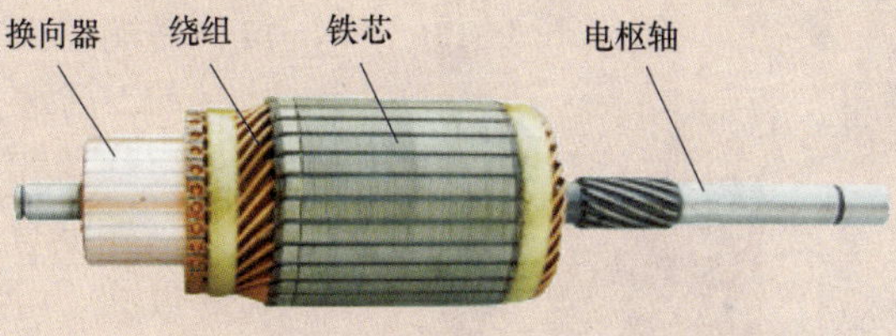	是直流电动机的旋转部分，包括电枢轴、换向器、铁芯、绕组等。为了获得足够的转矩，通过电枢绕组的电流一般很大，因此，电枢一般采用较粗的矩形裸铜线绕制而成
励磁基座		磁极一般由4个低碳钢板制成，其内端部扩大为极掌形。每个磁极上绕有励磁绕组，两对磁极相对交错安装在电动机定子内壳上。定子与转子铁芯形成磁回路，4个励磁线圈可互相串联后再与电枢绕组串联，也可两两串联后并联再与电枢绕组串联
电刷架	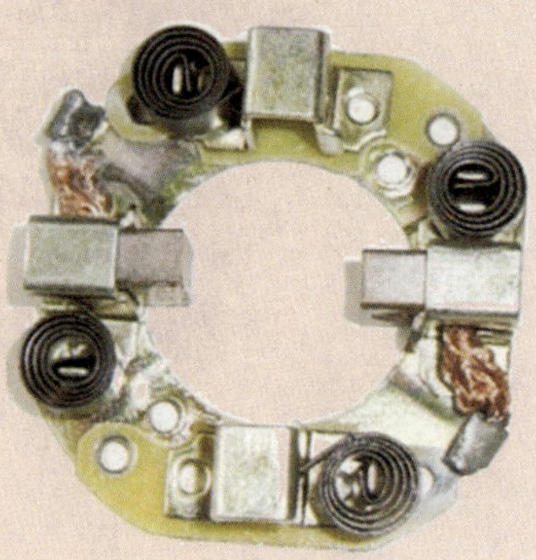	一般采用框式结构，其中正极刷架与端盖绝缘，负极刷架通过机壳直接搭铁。电刷置于电刷架中，正电刷与励磁绕组的末端相连，负电刷通过负极刷架搭铁。电刷由铜粉与石墨粉压制而成，呈棕红色。电刷架上装有弹性较好的盘形弹簧

续表

零部件	图示	组成及作用
机壳	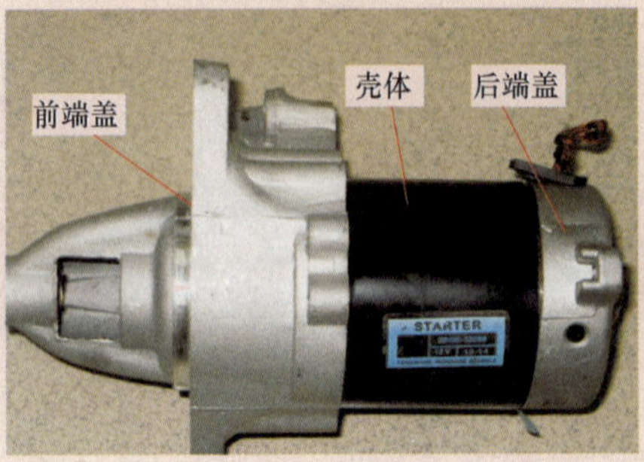	起动机端盖分前、后端盖，前端盖由钢板压制而成，后端盖由灰铸铁浇铸而成。前、后端盖均压装有青铜石墨轴承套或铁基含油轴承套，外围有2个或4个组装螺纹孔。电刷装在后端盖内，前端盖上有拨叉座，盖口有凸缘和安装螺纹孔，还有拧紧中间轴承板的螺钉孔

2. 传动机构（图8-18）

传动机构的作用是在发动机启动时，将直流电动机的转矩传递给发动机曲轴；在发动机启动后，与飞轮啮合的小齿轮没有及时回位的情况下，保护起动机不被飞轮反拖。传动机构主要由单向离合器、减速机构（有些起动机不具有减速机构）、驱动齿轮等组成。

3. 控制装置（图8-19）

控制装置主要由电磁开关和拨叉组成，其作用是通过控制电磁开关及杠杆机构（或其他某种装置），来实现起动机传动机构与飞轮齿圈的啮合与分离，并接通和断开起动机与蓄电池之间的电路。

图8-18 传动机构

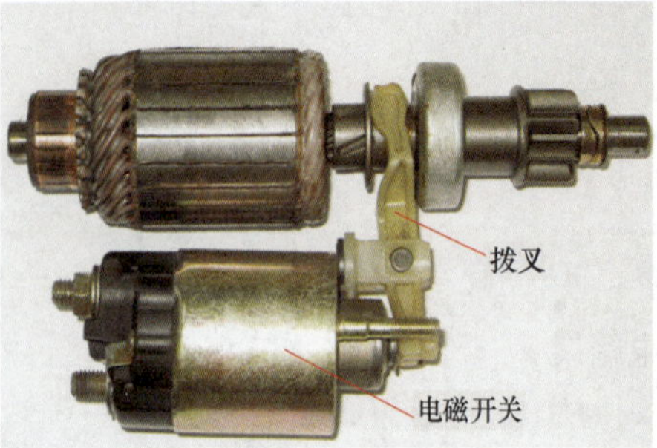

图8-19 控制装置

课题③ 点火系统

学习目标

1. 了解点火系统的分类及组成。
2. 认识点火系统零部件的结构。

知识链接

一、电子点火系统

电子点火系统以蓄电池和发电机为电源，借点火线圈和由半导体器件（晶体三极管）组成的点火控制器将电源提供的低压电转变为高压电，再通过分电器分配到各缸火花塞，使火花塞两电极之间产生电火花，点燃可燃混合气。

电子点火系统由点火开关、蓄电池、点火线圈、分电器、点火控制器、火花塞和点火信号发生器等组成，如图 8-20 所示。

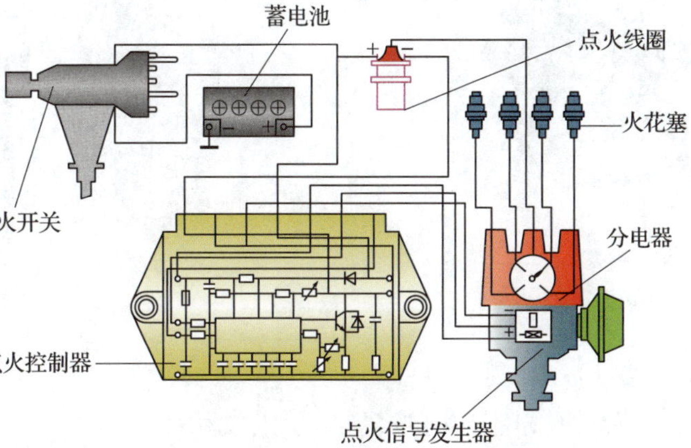

图 8-20 电子点火系统的组成

二、计算机控制点火系统

图 8-21 所示为计算机控制点火系统示意图，其以蓄电池和发电机为电源，借点火线圈将电源的低压电转变为高压电，再由分电器将高压电分配到各缸火花塞，并由计算机控制单元根据各种传感器提供的反映发动机工况的信息，发出点火控制信号，控制点火时刻，点燃可燃混合气。它还可以取消分电器，由计算机控制单元直接将高压电分配给各缸。计算机控制点火系统是新型的点火系统，已广泛应用于各种中、高级轿车中。

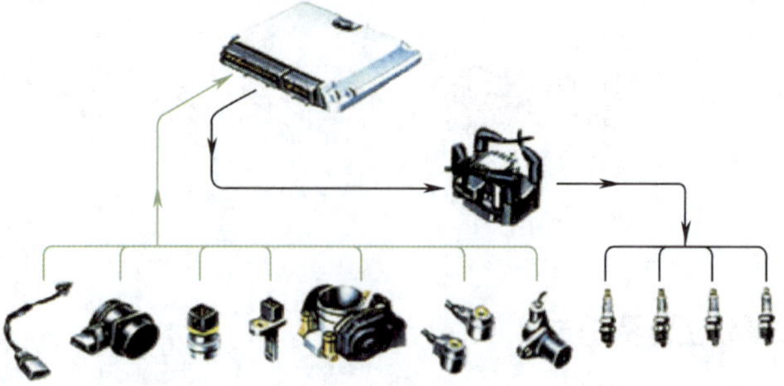

图 8-21　计算机控制点火系统示意图

三、点火系统主要零部件

1. 分电器（图 8-22）

汽车上应用较多的是无触点式分电器和无分电器的点火系统。分电器包括断电器、配电器、电容器和点火提前装置。

2. 点火线圈（图 8-23）

点火线圈是由初级绕组、次级绕组、铁芯等组成的升压器。点火线圈通过电磁感应，产生 15 ~ 30 kV 的高压电，作为点火高压电。

图 8-22　分电器

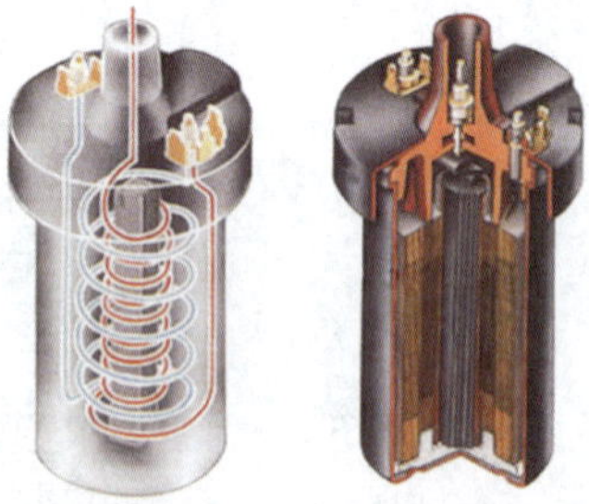

图 8-23　点火线圈

3. 火花塞（图 8-24）

火花塞的作用是将点火线圈产生的高压电引入发动机燃烧室内，通过本身的空气间隙产生火花放电，点燃混合气。火花塞间隙一般为 0.6 ~ 0.8 mm。击穿电压为 6 ~ 8 kV。火花塞的放电部分为中心电极和侧电极。

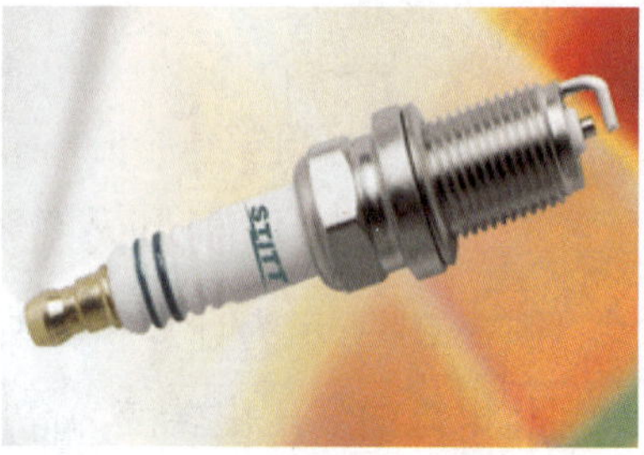

图 8-24　火花塞

4. 点火控制器（图 8-25）

根据 ECU 的指令，控制点火线圈初级绕组的通电或断电，并在完成点火后向 ECU 输送点火确认信号。

5. 高压导线（图 8-26）

高压导线由中央高压线和各缸高压线组成。中央高压线用于将点火线圈产生的高压电送到分电器盖插孔，各缸高压线用于将点火高压电从分电器盖的旁电极插孔传至火花塞。

图 8-25　点火控制器

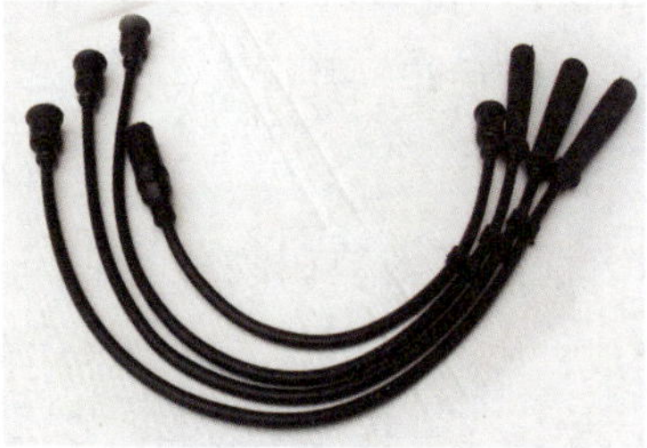

图 8-26　高压导线

课题4　附属电器

学习目标

1. 了解附属电器的内容。
2. 了解附属电器的作用。

知识链接

一、照明系统

为了保障汽车行驶和道路安全，以及满足汽车的使用要求，在汽车上装有各种照明装置及信号装置，如图 8-27 所示。照明装置用来照亮前方道路、车厢内部、行李舱等，以

图 8-27　汽车照明系统

及为夜间汽车检修提供照明等；信号装置在汽车转弯、倒车、制动等时候，发出灯光或声音信号，使前后车辆及行人得知汽车的行驶方向。

1. 前照灯

组合前照灯安装在汽车前部，与地面平行，主要由近光灯、远光灯、示宽灯、转向灯等组成，如图 8-28 所示。组合前照灯主要用于夜间行车时道路照明，灯光为白色。汽车使用的前照灯有标准封闭式、卤钨封闭式和半封闭式三种类型。组合前照灯开关为多功能开关，通过旋转、推拉和拨动可以控制前照灯近光、远光及示宽灯、转向灯、雾灯等操作。

2. 组合尾灯

汽车的外部尾灯系统多组合在一起，又称组合尾灯。组合尾灯一般包括制动灯、转向灯和倒车灯等，如图 8-29 所示。其主要为了提醒后方的车辆和行人，标示车辆或驾驶员的行驶信息。

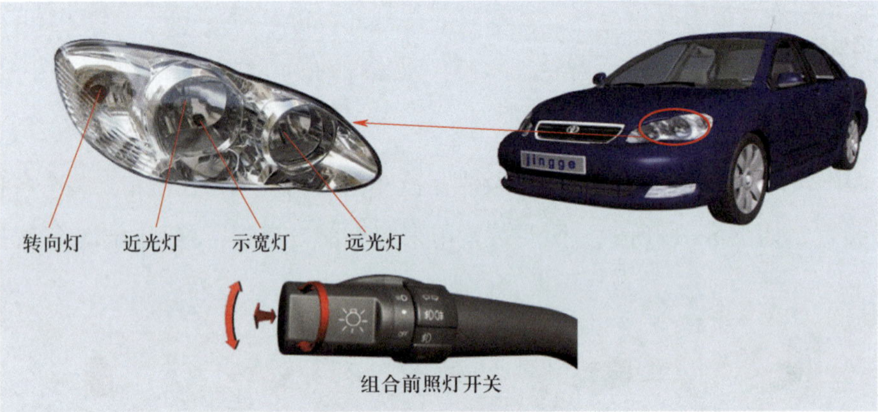

图 8-28 汽车组合前照灯

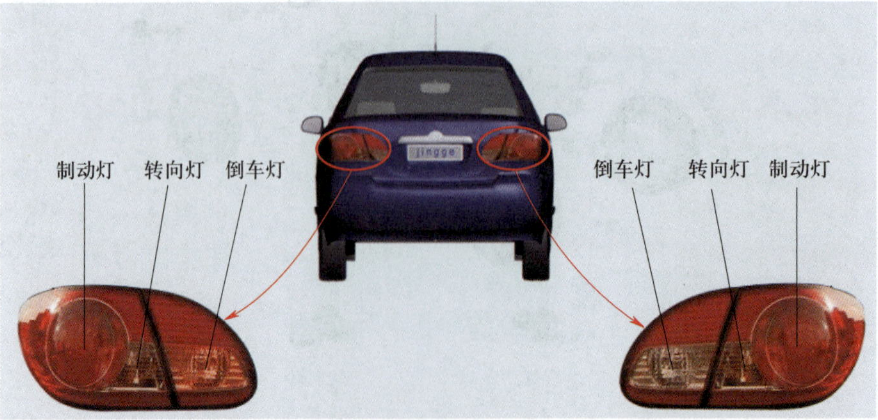

图 8-29 汽车组合尾灯

二、雨刮清洗系统（图 8–30）

雨刮清洗系统属于汽车上的辅助电器，汽车在雨雪天气行驶时，该系统可以清洗风窗玻璃，提高驾驶员的视觉效果，使驾驶员看清路面，保证了雨雪天气的行车安全。

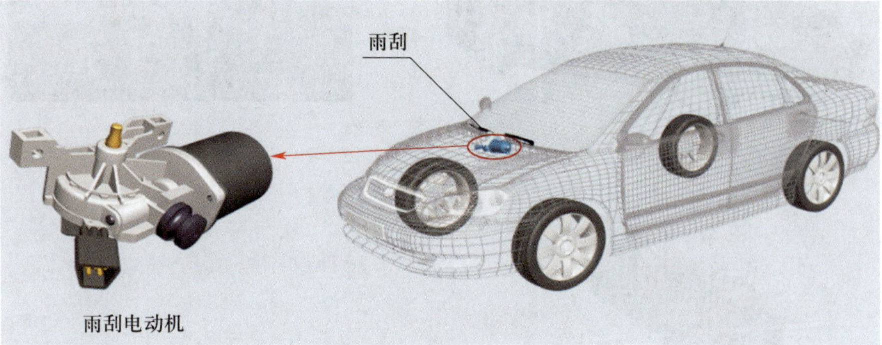

图 8–30　雨刮清洗系统

三、音响系统（图 8–31）

汽车上的音响系统包括播放器、扬声器等，它不仅能减轻驾驶员以及乘客的疲劳程度，并且可以直接帮助他们了解信息，提高乘坐的舒适性。

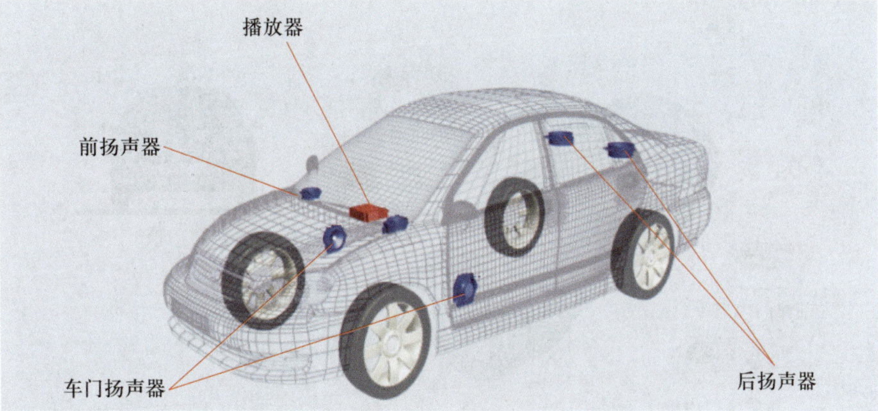

图 8–31　音响系统

四、电动车窗（图 8–32）

电动车窗升降调节器是为保证车窗能上下灵活地运动，升降调节器将电动机的弧线运动转换为上下直线运动，使车门玻璃必须沿着导轨滑动。

电动车窗开关是驾驶员操纵电动车窗的控制系统，一般安装在左前车门把手上或变速操纵杆附近。分控开关安装在每个车门的中部或车门把手上，用于乘坐人员操纵门窗。

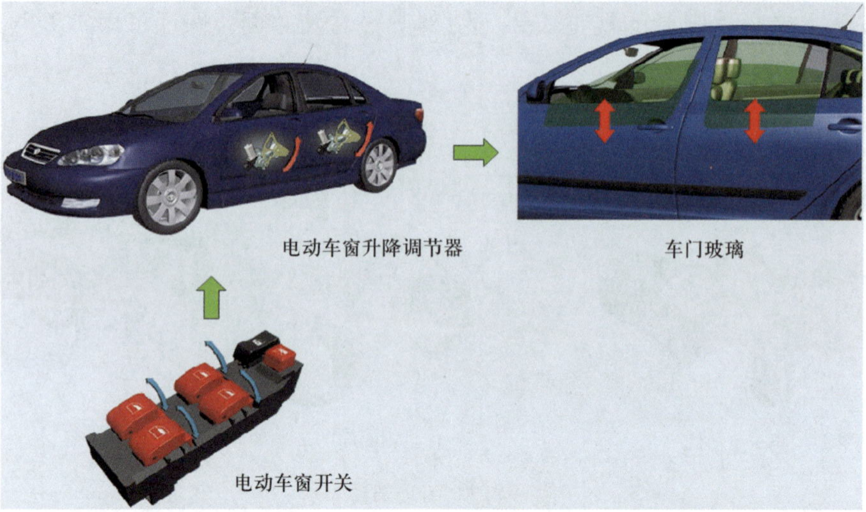

图 8–32　电动车窗

五、电动门锁（图 8–33）

按下驾驶员座位锁扣时，其他几个车门及行李舱门都能自动锁定。如果用钥匙锁门还能同时锁好其他车门和行李舱门。

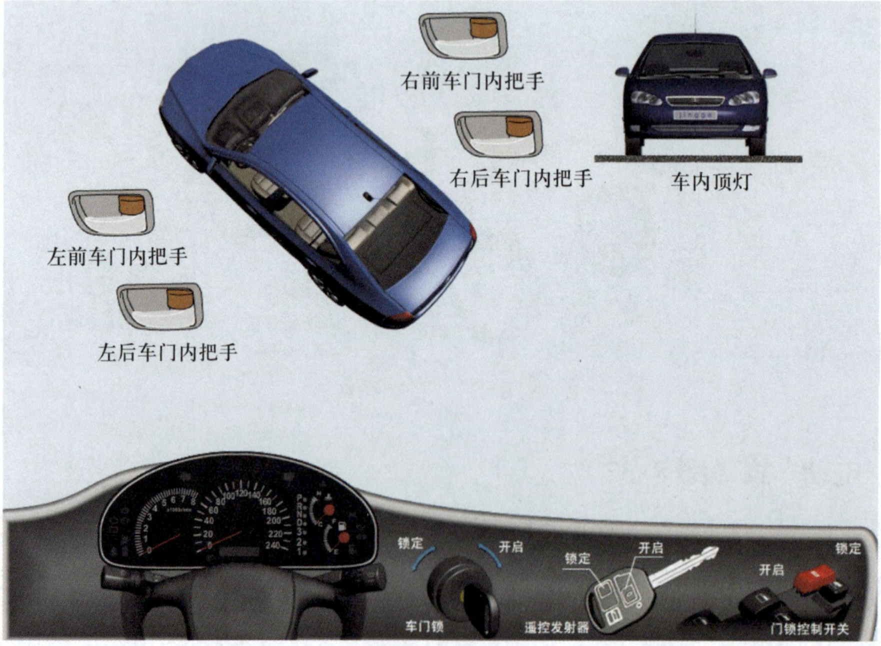

图 8–33　电动门锁

拉起驾驶员车门锁扣时，其他几个车门及行李舱门都能同时打开。如果用钥匙开门能同时打开其他车门和行李舱门。

如果在车内打开个别车门时，可分别拉开各自的锁扣。

六、组合仪表（图 8–34）

组合仪表用来指示汽车运动以及发动机运转的状态，以便驾驶员随时了解各系统的工作情况，保证汽车安全而可靠地行驶。

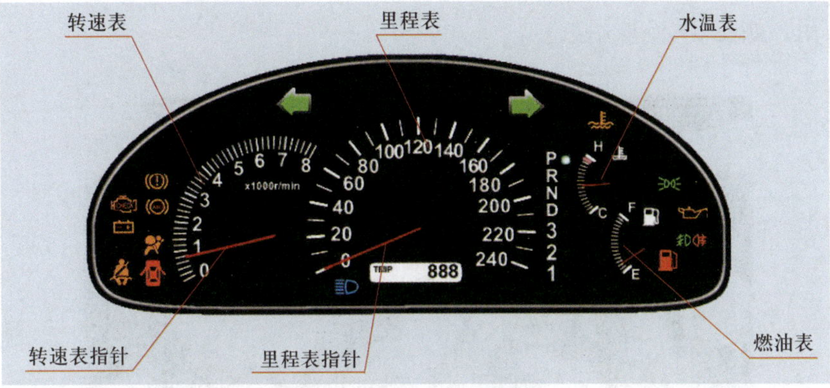

图 8–34　组合仪表

七、电动后视镜（图 8–35）

通过后视镜控制开关交换电动机电路的极性来改变电动机的转动方向。每个电动机带有一个自动复位的电路断路器，当后视镜到达行程的机械极限时，电路断路器就会将电路断开。

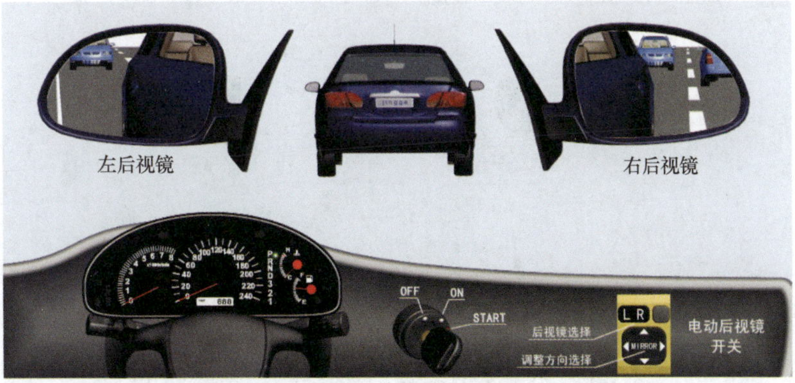

图 8–35　电动后视镜

八、安全气囊

安全气囊是一种当汽车遭到碰撞而急剧减速时能够很快膨胀的缓冲垫，可保护车内人员不致撞到车厢内部，是一种被动安全装置。安全气囊由折叠好的气囊、传感器、气体发生器、备用电源和相应的线束连接而成。

当汽车发生碰撞时，汽车要立即停止运动，而车内乘坐人员在惯性作用下仍要继续向原来的方向运动。如果此时装在车内的安全气囊弹出，则可以减少乘坐人员与车内物体发生碰撞，更均匀地分散头、胸的碰撞力，吸收乘坐人员的运动能量，起到了对乘坐人员的积极保护作用，如图 8-36 所示。

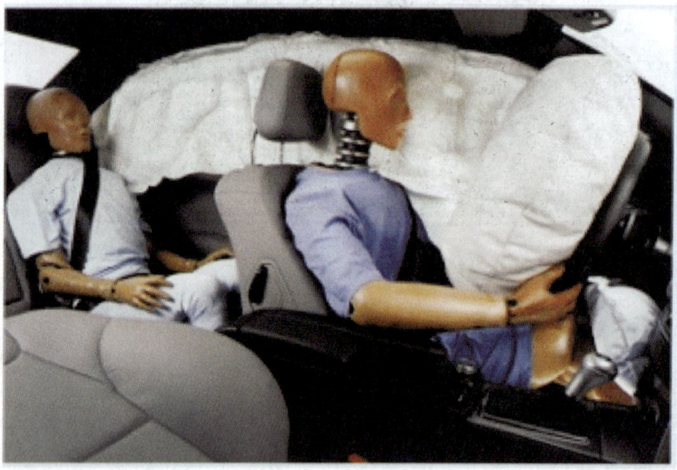

图 8-36　安全气囊

九、其他电器元件

其他电器元件主要有点火开关、扬声器、音响、继电器等，如图 8-37 所示。

图 8-37　其他电器元件

课题5 空调系统

学习目标

1. 了解空调系统的分类。
2. 认识空调系统各组成。

知识链接

空调是空气调节器的简称，汽车空调能对汽车车厢内的空气进行温度、湿度和清洁度的调节，大大提升乘坐舒适性。它包括暖风装置、制冷装置、通风装置和空气净化装置。

暖风装置：用以提高车内温度。

制冷装置：用以降低车内的温度，并降低车内的湿度。

通风装置：用以调节车内空气的气流和换气。

空气净化装置：用以调节过滤空气及对空气进行消毒处理。

一、汽车空调的分类

空调控制系统有手动控制与自动控制之分，如图 8-38 所示。手动控制空调需要驾驶员通过旋钮或拨杆对控制对象进行调节，如温度等。自动控制空调只需驾驶员输入目标温度，空调系统便可按驾驶员的设定自动进行调节。

a)　　b)

图 8-38　汽车空调的分类
a）手动控制　b）自动控制

二、汽车空调制冷装置的组成

空调制冷装置是由变排量压缩机、冷凝器、储液干燥器、膨胀阀、蒸发器和鼓风机等组成，如图 8-39 所示。

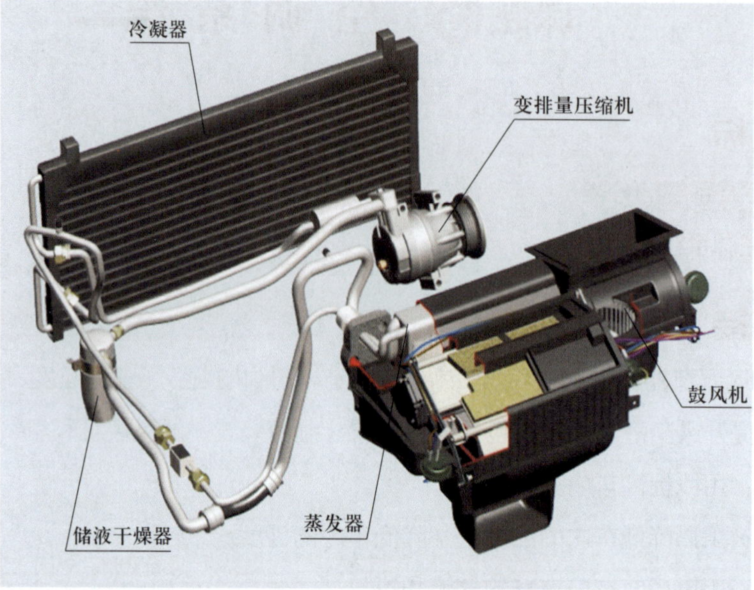

图 8-39　空调制冷装置的组成

三、空调制冷装置工作原理

空调制冷装置的工作过程包括压缩过程、放热过程、节流过程和吸热过程，其工作原理如图 8-40 所示。

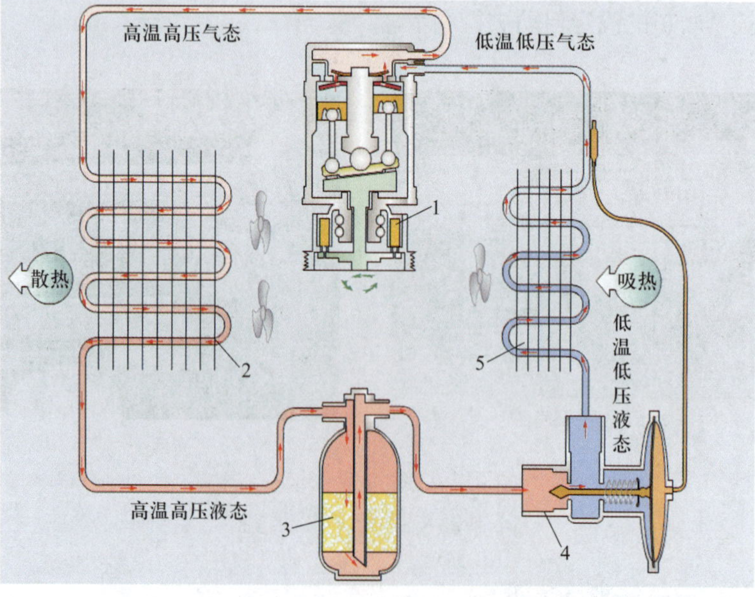

图 8-40　空调制冷装置工作原理

1—压缩机　2—冷凝器　3—储液干燥器　4—膨胀阀　5—蒸发器

1. 压缩过程

压缩机吸入蒸发器出口处的低温低压的制冷剂气体，把它压缩成高温高压的气体排出压缩机。

2. 放热过程

高温高压的制冷剂气体进入冷凝器，由于压力及温度的降低，制冷剂气体冷凝成液体，并放出大量的热。

3. 节流过程

温度和压力较高的制冷剂液体通过膨胀阀后体积变大，压力和温度急剧下降，以雾状（细小液滴）排出膨胀阀。

4. 吸热过程

雾状制冷剂液体进入蒸发器，因此时制冷剂沸点远低于蒸发器内温度，因此制冷剂液体蒸发成气体。制冷剂液体蒸发过程中大量吸收周围的热量，而后低温低压的制冷剂蒸气又进入压缩机。

四、空调制冷装置主要零部件

空调制冷装置主要零部件及其作用见表 8-3。

表 8-3　空调制冷装置主要零部件及其作用

零部件	图示	作用
压缩机		将制冷剂由低压气态通过压缩变为高温高压气态
冷凝器		将高温高压气态制冷剂冷却为高温高压液态制冷剂

续表

零部件	图示	作用
储液干燥器		过滤制冷剂中的水分和杂质，储存制冷剂，保障制冷剂不间断地输送到膨胀阀
膨胀阀		通过节流使高温高压液态制冷剂变为低温低压液态制冷剂
蒸发器		低温低压液态制冷剂在蒸发器里吸热，进行热交换，变成低温低压气态，再回到压缩机

五、暖风装置

汽车空调暖风装置可分为水暖式和风暖式。

1. 水暖式暖风装置的工作原理

如图 8-41 所示，发动机缸体出来的热的冷却液，分流一部分进入热交换器，再利用鼓风机强迫冷空气通过热交换器，被加热后的空气送入车厢，用来取暖或进行风窗除霜。

2. 风暖式暖风装置工作原理

风暖式暖风装置是在发动机的排气管上安装热交换器用于加热空气。工作时，将通往消声器的阀门关闭，汽车尾气进入热交换器，加热热交换器外的空气，加热后的空气由鼓风机吹入车厢内用于取暖和除霜，如图 8-42 所示。

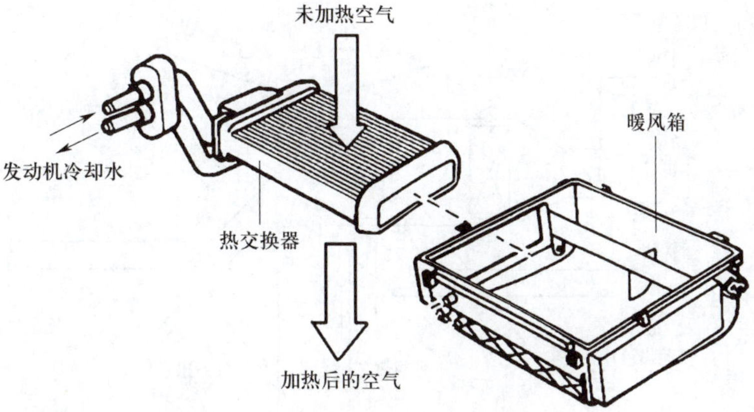

图 8-41 水暖式暖风装置工作原理图

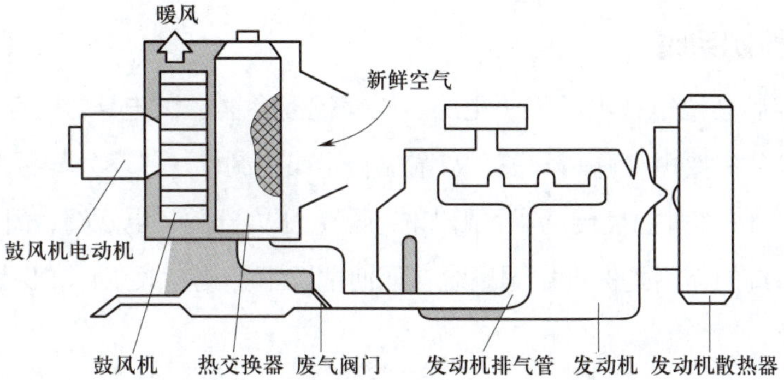

图 8-42 风暖式暖风装置工作原理图

六、通风装置

汽车通风装置可分为自然通风和强制通风。

1. 自然通风

利用车身结构在车身内外壁面上开设进出风口，利用车辆行驶时产生的风压将外部空气引入车内循环后再排出，如图 8-43 所示。

2. 强制通风

利用风机强行引入外部的新鲜空气，如图 8-44 所示。

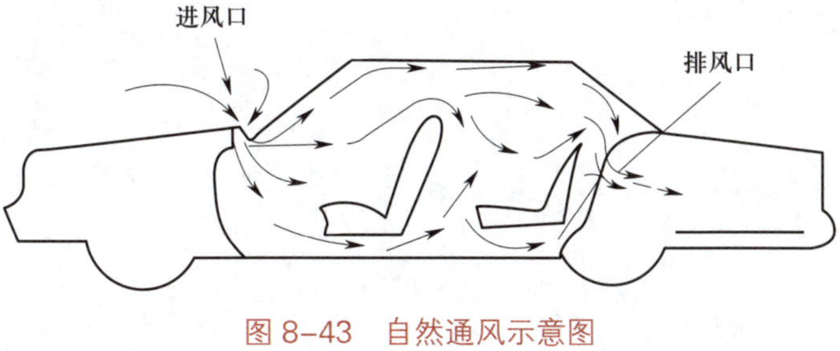

图 8-43 自然通风示意图

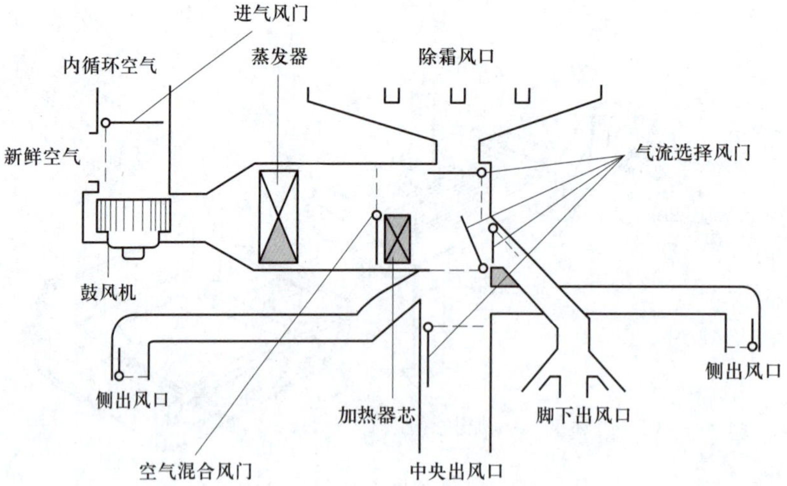

图 8-44　强制通风示意图

七、空调控制系统

汽车空调控制系统包括电源控制电路、压缩机离合器控制电路、安全保护控制电路、数据通信电路等。主要由空调制开关、空调控制器或控制模块、蒸发器温度传感器、冷却液温度传感器、车内车外温度传感器、阳光传感器、压力开关、电磁阀、伺服电机等组成。

空调控制系统的作用是保证空调系统在任何情况下都能有效工作，保证空调系统和发动机的安全运行。